Eckstaller / Huber-Jahn / Hesse

So zünden Sie den Turbo für Ihre Steuerberatungskanzlei

100 Tipps für die Kanzleigründung und -weiterentwicklung

DATEV eG, 90329 Nürnberg (Verlag)

Printed in Germany

CPI Books GmbH, Birkstraße 10, 25917 Leck (Druck)

Angaben ohne Gewähr

Titelbild: © olly – fotolia.com

Stand: Juni 2016

DATEV-Artikelnummer: 36040/2016-06-01

E-Mail: literatur@service.datev.de ISBN 978-3-944505-49-7

ePUB Auch als E-Book erhältlich (Art.-Nr.: 19330) ISBN 978-3-944505-50-3

Prof. Dr. Claudia Eckstaller

studierte nach dem Abschluss einer Berufsausbildung und anschließender Selbstständigkeit Betriebswirtschaftslehre an der Ludwig-Maximilians-Universität in München sowie Soziologie als Gaststudierende an der Fernuniversität Hagen. Neben der Tätigkeit als wissenschaftliche Mitarbeiterin am Seminar für Verkehrswirtschaft und öffentliche Wissenschaft sowie am Seminar für Kapitalmarktforschung und Finanzierung war sie Mentorin an der Fernuniversität Hagen und übernahm zahlreiche Lehraufträge an den damaligen Fachhochschulen München, Hof und Kempten. Seit 1999, nach ihrer Beschäftigung als stellvertretender Abteilungsleiterin, ist sie Professorin für Human Resource Management an der betriebswirtschaftlichen Fakultät der Hochschule München.

Frau Prof. Dr. Eckstaller leitet gemeinsam mit Frau Prof. Dr. Huber-Jahn die weiterbildenden Studiengänge Master of Taxation sowie Bachelor of Arts BWL und Unternehmensführung/Business Management an der Hochschule München. Ihr Lehrgebiet umfasst die allgemeine Betriebswirtschaftslehre, Human Resource Management sowie ausgewählte Themenfelder aus den Wirtschaftswissenschaften, wie z. B. Wirtschaftsethik, Compliance

Management, Leadership Management, Gruppendynamik/ Teambuilding und -development und Innovationsmanagement/Entrepreneurship. Im Rahmen der weiterbildenden Studiengänge werden regelmäßig Veranstaltungen angeboten, die den Studierenden, u. a. durch Projekte wie der Erstellung von Businessplänen, Grundlagenwissen und Handlungsorientierungen für eine spätere Selbstständigkeit mit auf den Weg geben sollen.

Prof. Dr. Ingrid Huber-Jahn

studierte Betriebswirtschaftslehre an der Ludwig-Maximilians-Universität mit dem Schwerpunkt Steuern und Wirtschaftsprüfung in München und war nach ihrer Promotion fünf Jahre in leitenden Positionen bei verschiedenen Steuerberatungs- und Wirtschaftsprüfungsgesellschaften sowie zwei Jahre bei einer Unternehmensberatungsgesellschaft tätig. Nach Lehraufträgen an den Universitäten von Riga, Madrid, Glasgow und Ljubljana übernahm Frau Prof. Dr. Huber-Jahn von 1994 bis 1996 den Ruf für die Professur für Steuerrecht an der Fachhochschule Bielefeld. Seit 1996 ist sie im Lehrgebiet betriebliche Steuerlehre und Unternehmensprüfung an der Hochschule München berufen. Ihre Arbeitsschwerpunkte liegen in den Bereichen erbschaftsteuerliche und schenkungssteuerliche Gestaltung bei Betriebs- und Privatvermögen, Bilanzsteuerrecht, Unternehmensgründung, -finanzierung und -rating im Mittelstand. Zusammen mit Frau Prof. Dr. Claudia Eckstaller entwickelte und leitet sie die beiden berufsbegleitenden Studiengänge Master of Taxation und Bachelor of Arts Betriebswirtschaftslehre und Unternehmensführung/Business Management an der Hochschule München.

Thorsten Hesse

studierte Betriebswirtschaftslehre an der Fachhochschule Frankfurt mit Schwerpunkt Marketing. Seinen ersten beruflichen Stationen im Marketing und Vertrieb sowie in der Unternehmensberatung folgte 1994 der Wechsel zur DATEV eG. Nachdem Herr Hesse mehrere Jahre in der Kanzlei- und Softwareberatung tätig war, unterstützt er seit 2012 als Coach und Referent junge Steuerberater auf dem Weg in die Selbständigkeit. Seine Arbeitsschwerpunkte liegen im Kanzleimarketing, Vertrieb und Honorarmanagement. Herr Hesse hält regelmäßig Gastvorlesungen zum Kanzleimanagement und ist Lehrbeauftragter an der Hochschule München für Unternehmensgründung/-führung.

Vorwort

Seit über fünf Jahrzehnten begleiten wir den Berufstand des Steuerberaters und haben in dieser Zeit zahlreiche Veränderungen miterlebt – ob in der Informationstechnik, im Steuerrecht oder im Berufsrecht. Und was wird die Zukunft für den Berufstand bringen?

Die Digitalisierung von Informationen, die sich auch seit vielen Jahren im Kanzleialltag vollzieht, bleibt in den nächsten Jahren der Megatrend, der unsere Gesellschaft, den Markt und damit auch unser Wirken bestimmen wird. Zahlreiche Branchenkenner und auch wir gehen davon aus, dass der Berufsstand der Steuerberater in den nächsten 10 Jahren einen verstärkten Wandel vollziehen wird – weg von der Deklaration, hin zur Beratung, laufenden Business-Betreuung und neuen Dienstleistungen. Ebenso werden die klassischen Wege der Zusammenarbeit mit dem Mandanten durch elektronische Plattformen ergänzt oder gar ersetzt.

Die Zeichen stehen also auf Veränderung! Dies gilt gleichermaßen für etablierte Kanzleien, als auch für junge Steuerberater, die sich für den Weg in die Selbständigkeit entscheiden. Die Zukunftsaussichten für eine „attraktive Selbständigkeit" (vgl. BStBK-Studie „Steuerberatung 2020") sind nach wie vor gut. Insbesondere dann, wenn sich Steuerberater zunehmend auch als moderne und innovative Unternehmer verstehen und sich intensiv mit der Zukunftsstrategie ihrer Kanzlei auseinandersetzen.

Hierfür wünschen wir Ihnen viel Erfolg und hoffen, dass Sie zahlreiche Anregungen aus diesem Buch für Ihre „Zukunftskanzlei“ mitnehmen können.

Nürnberg, August 2016

Eckhard Schwarzer

Vorstand DATEV eG

Download-Hinweis

Die mit diesem Symbol gekennzeichneten Dokumente erhalten Sie in digitaler Form unter *www.datev.de/businessplan*

Inhalt

1 Vorne weg

1.1 Das „Making-of" dieses Buches

Jedes Buch hat seine Geschichte und so wollen wir zu Anfang einen Blick „hinter die Kulissen" werfen und die Entstehung und Umsetzung dieses Buches näher beleuchten. Im Rahmen der Bildungspartnerschaft zwischen der Hochschule München und der DATEV eG trafen wir Autoren uns erstmalig 2013 im Rahmen einer Veranstaltung des Masterstudiengangs „Master Taxation". Neben dem Ziel, die Studierenden auf das Steuerberaterexamen vorzubereiten, haben wir es uns zur Aufgabe gemacht, auch unternehmerisches Denken und Handeln weiterzuentwickeln. Hierzu erstellen die Studierenden, auf Basis eines Impulsvortrags aus dem Gründercoaching der DATEV, einen Businessplan für ihr persönliches Kanzlei-Startup. Darüber hinaus erhalten die fiktiven Kanzleigründer die Möglichkeit, ihre Geschäftsidee in einer rund 15-minütigen Präsentation vorzustellen.

Mittlerweile liegen uns rund 150 Businesspläne vor, die eine wichtige Säule dieses Werks sind. Darüber hinaus haben wir aber auch praktische Erfahrungen aus über 15 Jahren DATEV-Gründercoaching einfließen lassen. Sie profitieren von den Erkenntnissen mehrerer Tausend Kanzleigründungen, die im Rahmen von vielen persönlichen Begegnungen und strukturierten Befragungen ermittelt wurden.

Das Buch unterstützt Sie bei der Erstellung Ihres Businessplans und zeigt auf, welche Themen Sie unbedingt berücksichtigen sollten. Darüber hinaus erhalten Sie in den einzelnen Kapiteln wertvolle Praxistipps, Hinweise und weitere Informationsquellen, die Ihnen Impulse für den Kanzleiaufbau, aber auch für die Weiterentwicklung Ihrer Kanzlei geben. Außerdem können Sie von uns ausgewählte Businesspläne von Studierenden der Hochschule München herunterladen und erhalten so einen Eindruck über das Gesamtwerk. Noch ein paar Worte zum Aufbau: Sie werden schnell feststellen, dass die Themenuntergliederung sich von Businessplan zu Businessplan unterscheidet. Betrachten Sie auch die von uns gewählte Gliederung als eine Ausgestaltungsmöglichkeit von vielen. Es ist *Ihr* Businessplan, dem Sie mit einer individuell angepassten und verfeinerten Struktur Ihre ganz persönliche Note geben.

Aus Gründen der besseren Lesbarkeit wird die jeweils männliche Form verwendet. Die weibliche Form gilt als eingeschlossen.

1.2 Selbständigkeit in der Steuerberatung – oder was den Beruf so sexy macht

Sie haben sich für eine Karriere in der Steuerberatung entschieden. Keine schlechte Wahl, denn der Beruf bietet wegen der Komplexität des deutschen Steuerrechts – den digitalen Entwicklungen zum Trotz – Zukunftssicherheit.

Langweilig wird es Ihnen auch nicht werden, denn die unterschiedlichen Aufgaben und Branchen Ihrer Mandanten sorgen für jede Menge Abwechslung. Vor allem aber gibt es nahezu perfekte Bedingungen für den Weg in die Selbständigkeit. Die Geschäftsentwicklung der Branche ist seit vielen Jahren sehr gut und zeigt sich auch stabil gegenüber konjunkturellen Schwankungen. Zudem ist der Kapitaleinsatz für den Start überschaubar – mit einem PC und der passenden Software kann es schon losgehen. Die Möglichkeit, selbstständig und flexibel zu arbeiten, ist verlockend, zumal die Vereinbarkeit zwischen Beruf und Familie oder anderen Neigungen und Hobbies durchaus gegeben ist. Beispiele aus der Praxis gefällig: Der junge Steuerberater, der nach einer guten Woche sich am Freitag früh zu einer Skitour in die Berge aufmacht. Oder die Steuerberaterin, die sich ihren Arbeitsalltag rund um die Betreuung ihres Kindes organisieren kann.

Tipp 1

Wenn Sie unsicher sind, ob die Selbständigkeit das Richtige für Sie ist: Sprechen Sie mit Berufskollegen, die vor kurzem den Schritt gewagt haben, beispielsweise im Rahmen von Gründernetzwerk-Veranstaltungen, die DATEV im Rahmen des Gründercoachings anbietet. Termine erfahren Sie über *neumitgliederclub@datev.de*.

1.3 Der Businessplan – Muss das unbedingt sein?

Sie sind nun endgültig infiziert von der Idee, sich als Steuerberater selbstständig zu machen. Klassischerweise ist der nächste Schritt die Erstellung Ihres Businessplans. Allerdings ist dies verbunden mit jeder Menge Arbeit und vielleicht brauchen Sie nicht mal einen Kredit aufzunehmen, um Ihr Vorhaben umzusetzen. Also muss das wirklich sein?

Wir sagen: Ja, unbedingt! Denn bei vielen Dingen, ob im Geschäftlichen oder im Privaten, gilt: Je **besser** Sie **vorbereitet** sind, desto **erfolgreicher** werden Sie sein. Den Business-Plan fertigen Sie vor allem für sich selbst und stellen dabei Ihre unternehmerischen Fähigkeiten und Ihre Geschäftsidee auf den Prüfstand. Hierbei helfen vorgegebene Strukturen, die Sie auszugsweise von der Entwicklung des Geschäftsmodells, über die Wettbewerbsanalyse, Ihr Marketingkonzept bis hin zum Finanzplan leiten. Gerade für die Gründung einer Steuerberatungskanzlei können viele Fakten und Zahlen vorher definiert und damit das **Risiko** wesentlich **minimiert** werden.

Tipp 2

Stellen Sie doch Ihren Businessplan einmal einer vertrauten und durchaus kritischen Person vor. Sie erhalten hierbei wertvolles Feedback und merken, ob Sie mit Ihrer Geschäftsidee bereits überzeugen können oder Sie nochmal mit sich in Klausur gehen müssen.

1.4 Worauf es ankommt

Der Businessplan ist die Visitenkarte Ihres Kanzlei-Startups. Insbesondere wenn es gilt, Dritte von Ihrer Geschäftsidee zu überzeugen, ist der erste Eindruck wegweisend.

Tipp 3

Mit einer ansprechenden Gestaltung, hochwertigem Papier und einer professionellen Bindung verleihen Sie Ihrem Businessplan eine hohe Wertigkeit. Schnellhefter sind zwar praktisch, aber dem Umstand nicht unbedingt angemessen. Um die Lesbarkeit zu erhöhen, formulieren Sie klar, knapp und verständlich und wählen Sie eine ausreichend große Schrift (mindestens 11 pt) mit entsprechendem Zeilenabstand. Zur Verdeutlichung einzelner Sachverhalte sollten Sie zudem Grafiken und Abbildungen einbauen.

Alles entscheidend sind aber die inneren Werte Ihres Businessplans. Diese sollen vermitteln, dass es sich bei Ihrem Konzept um eine **realistische Unternehmensidee** handelt und Ihr **Geschäftsmodell praxistauglich** ist. Arbeiten Sie hierzu stringent alle Themen ab, die durch Ihre Kapitelstruktur vorgegeben ist. Dem Finanzplan, mit dem Ihr Businessplan abschließt, kommt eine besondere Bedeutung zu. Hier stellen Sie dar, wie Sie mit Ihrer Kanzleigründung zukünftig Geld verdienen. Eine fundierte Recherche zu den finanzwirtschaftlichen Branchenauswertungen und -kennzahlen trägt dazu bei, einen realistischen und logischen Ansatz für Umsätze, Kosten und Erträge zu finden.

1.5 Sie sind nicht alleine

Als Steuerberater sind Sie Experte und haben Ihr steuerliches Fachwissen bereits beim Examen und dann in der Praxis bei Ihren Mandanten unter Beweis gestellt. Mit der Gründung einer eigenen Kanzlei kommen nun allerdings **zahlreiche weitere Aufgaben** auf Sie zu. Sie sind nicht mehr nur Steuerberater, sondern u. a. auch für die Mandatsgewinnung, das Aushandeln von Honoraren und zahlreiche organisatorische Aufgaben verantwortlich.

Tipp 4

Versuchen Sie nicht alle Aufgaben im Alleingang zu erledigen, sondern holen Sie sich Unterstützung und lassen Sie sich zu einzelnen Themen beraten - so wie es Ihre Mandanten eben auch in steuerlichen und betriebswirtschaftlichen Fragen tun.

Entscheiden Sie sich beim Start in die Selbständigkeit für DATEV, steht Ihnen von Beginn an ein **erfahrener Kanzleigründungsberater** (Quelle: *www.datev.de/web/de/top-themen/steuerberater/weitere-themen/start-mit-datev*) zur Seite. Er gibt Ihnen Hilfestellung bei der Erstellung des Geschäftsmodells und des Businessplans und erstellt mit Ihnen gemeinsam Ihren individuellen Realisierungsfahrplan, der Ihnen Halt und Sicherheit bei Ihrem Gründungsvorhaben gibt. Außerdem erhalten Sie im Rahmen des **DATEV-Gründernetzwerks** von erfahrenen Berufskollegen und DATEV-Branchenexperten alles Nötige für das Führen einer Kanzlei und wertvolle Praxis-Tipps aus erster Hand.

2 Businessplan erstellen

2.1 Executive Summary

Etwas für später

Wenn Sie chronologisch die einzelnen Bausteine Ihres Businessplans erstellen, dürften Sie jetzt eigentlich gleich zum nächsten Kapitel vorspringen. Denn auch wenn das Executive Summary den Einstieg für Ihren Kanzlei-Businessplan markiert, können Sie dieses Kapitel erst dann erstellen, wenn Sie alle Themen ausreichend bearbeitet haben. Das Executive Summary ist keine Einleitung, sondern soll einen kurzen **Abriss aller wichtigen Aspekte** Ihres Businessplans geben. Stellen Sie kurz sich selbst, Ihr Geschäftsmodell und Ihre Leistungen vor. Zeigen Sie auf, welche Mandantenzielgruppe Sie bedienen möchten, welchen konkreten Nutzen Sie bieten und welches Markt- und Wachstumspotential gegeben ist. Außerdem sollten Sie darstellen, wie Sie sich von den anderen Marktanbietern abheben – sprich Ihre Alleinstellungsmerkmale. Zu guter Letzt legen Sie Ihre Umsatz- und Ertragsplanung dar, woraus sich dann Ihr Kapitalbedarf ableitet.

Tipp 5

Achten Sie darauf, dass Sie mit Ihrem Executive Summary Spannung erzeugen und den Adressaten motivieren, weiterzulesen.

2.2 Gründerperson/-profil

2.2.1 Warum gerade ich?

Zum Einstieg in dieses Kapitel wollen wir Ihnen gleich einmal eine persönliche Frage stellen: Wenn Sie beispielsweise von einem nicht ganz so nahen Bekannten um Geld gebeten würden, was wären für Sie die zentralen Fragen – gesetzt den Fall, Sie hätten genügend Geld frei verfügbar?

Vermutlich wären dies: Wieviel Geld brauchst Du denn? Und wofür brauchst Du es? Für wie lange brauchst Du das Geld? Nehmen wir an, die Antworten Ihres Bekannten klingen im Grunde alle sehr plausibel; sowohl wofür die Person die genannte Summe Geld benötigt, als auch wie lange Sie es sich von Ihnen borgen will. Aber – Hand aufs Herz – die Entscheidung zum Geldverleihen, würde in den allermeisten Fällen mehr davon abhängen, wie vertrauenswürdig, zuverlässig und für den Leihzweck kompetent Sie die Person selbst einschätzen würden.

Übertragen auf Ihren Businessplan bedeutet dies, dass einer der **zentralsten Bestandteile** das Kapitel über den bzw. die Gründerpersonen ist. Hier entscheidet sich für den „Geldgeber", ob er dem Gründer die nötige Kompetenz zur nachhaltigen Umsetzung der Unternehmensidee zutraut oder nicht.

Sehr oft wird dieser Bestandteil des Businessplans von Gründern fundamental unterschätzt. Im Fokus eines Gründers steht ja meist die Gründungsidee selbst und wie diese am besten umgesetzt werden kann. Dabei vergessen Gründer oft **völlig die Sicht der Businessplanadressaten**. Wie in der Eingangsfrage angesprochen, müssen die potentiellen Geldgeber schließlich nicht nur beurteilen, ob die Gründungsidee in der geplanten und vorgestellten Form realisierbar ist, sondern ob darüber hinaus der Gründer bzw. das Gründungsteam sowohl fachlich wie auch – ganz besonders sogar – persönlich in der Lage ist, das Gründungsprojekt nachhaltig zum Erfolg zu führen.

Selbstverständlich stehen bei der **Darstellung der Gründerpersonen** im Businessplan die **fachlichen Qualifikationen** an erster Stelle; insbesondere bei Betätigungsfeldern, wie in der Steuerberaterbranche, bei denen an die „Unternehmer" besondere fachliche Anforderungen gestellt werden – schließlich gilt, ohne bestandenes Steuerberaterexamen, keine Selbständigkeit.

Tipp 6

Legen Sie darüber hinaus Ihre **weiteren Qualifikationen und Erfahrungen** dar, beispielsweise auf den Gebieten der Mitarbeiterführung, der Kommunikation und der Informationstechnik (IT). Hiermit belegen Sie neben der grundsätzlichen Befähigung für den Beruf, dass Sie über wichtige grundlegende Kompetenzen für die Gründung einer Steuerberatungskanzlei verfügen.

Ebenso ist es wichtig, dass Sie alle einschlägigen **Ausbildungs- und Qualifikationsnachweise** aufzeichnen und erläutern.

Neben den Bildungsnachweisen sind die **beruflichen Praxiserfahrungen** rund um die Steuerberatung für den Adressaten bedeutsam. Aus ihnen ist Ihr ernsthaftes Interesse an der Thematik zu erkennen. Sofern Sie über andere berufliche Werdegänge auf den Gedanken zur Selbständigkeit in der Steuerberatung gekommen sind, sollten Sie auch dies näher erläutern und begründen. Manchmal findet man ja über Umwege zum richtigen Ziel. Wenn Sie dies gut erklären können, ist es für den Leser glaubwürdiger.

Im Grunde ist der Part über die Gründerpersonen vergleichbar mit einer Bewerbung. Dargestellt wird Ihre fachliche Befähigung für die Geschäftsidee: Über welche einschlägigen Qualifikationen verfügen Sie und welche Berufserfahrungen haben Sie in der Branche? Vielleicht haben Sie sogar Erfahrungen mit Selbstständigkeit gesammelt. Oder möglicherweise können Sie Referenzen bzw. förderliche Partnerschaften benennen.

Schließlich sollten Sie bei einer Kanzleigründung oder -übernahme Ihre **Rolle in der Kanzlei** detailliert beschreiben; umso mehr, wenn bereits Mitarbeiter oder Partner geplant bzw. vorhanden sind. Selbstredend muss auch bei mehreren Gründungspersonen die Aufgabenteilung entsprechend dargelegt werden. Neben den rein fachlichen Hintergründen zu Ihrer Person ist, wie eingangs bereits angesprochen, für den Businessplanadressaten von großem Interesse, mehr über Ihre **Beweggründe für die Selbständigkeit** zu erfahren. Legen Sie dar, was Sie in Bezug auf die geplante Selbständigkeit antreibt und warum gerade Sie, rückblickend auf unsere Ausgangsfrage, Ihr Kanzlei-Startup zum Erfolg führen.

2.2.2 Was sollten Sie mitbringen?

Die Bedeutung der Persönlichkeit spielt nicht nur für die Besetzung von Managementpositionen eine große Rolle, sondern eben auch in der Selbständigkeit. Eine Studie der IHK München und Oberbayern in Kooperation mit Prof. Dr. Eckstaller und Prof. Dr. Macha, in der über 400 Unternehmerinnen und Unternehmer zu verschiedenen Aspekten des

Unternehmertums befragt wurden, hat u. a. zum Thema Erfolgsfaktoren der unternehmerischen Tätigkeit interessante Ergebnisse geliefert (Quelle: UnternehmerInnen in Bayern, hrsg. v. IHK für München und Oberbayern in Kooperation mit Prof. Dr. Eckstaller und Prof. Dr. Macha, 2016).

Als die wichtigsten Erfolgsfaktoren nannten die Teilnehmer vor allem **Leidenschaftlichkeit** für den Unternehmensgegenstand und das Unternehmertum; **strategisches Denken**, welches auch die zukünftigen Entwicklungen in der jeweiligen Branche miteinbezieht, sowie **Risikobereitschaft**, als Fähigkeit, auch einmal neue Wege zu beschreiten. Weitere Aspekte mit hoher Relevanz für die Gründung sind **Kreativität, Selbstkritik, Netzwerken, Empathie, Frustrationstoleranz, Belastbarkeit** und **Selbstorganisation**.

Tipp 7

Legen Sie für die Erstellung Ihres Businessplans dar, wie stark die genannten Faktoren bei Ihnen ausgeprägt sind. Verwenden Sie hierfür eine einfache Skalierung mit einer Ausprägung von stark, mittel und gering.

In zahlreichen persönlichen Begegnungen haben uns Steuerberater, die ihre Kanzleigründung zum Erfolg geführt haben, noch weitere wichtige Botschaften mit auf den Weg gegeben. So zum Beispiel mehr **Mut** zu haben, auch mal Mandate abzulehnen und in diesem Zusammenhang „**auf sein Bauchgefühl hören**". Vor allem „**positiv zu denken und auch mal nein sagen können**". Eine ganz wichtige Voraussetzung ist die **Unterstützung des Partners** beim Gründungsvorhaben. Denn gerade in der Gründungs- und Startphase werden Sie einen hohen Zeiteinsatz leisten müssen, was sich natürlich auf Ihr persönliches Umfeld auswirken wird.

Vor dem Schritt in die Selbstständigkeit sollten Sie also genau überlegen, ob Sie sich vorstellen können, sich über mehrere Jahrzehnte der Tätigkeit als selbstständiger Steuerberater zu widmen – und nicht nur dieser. Vor allem sollten Sie sich bewusst machen, dass in den allermeisten Fällen nach kurzer Kanzleigründungszeit und mit zunehmender Mitarbeiterzahl die Aufgabenfelder von den steuerlichen Inhalten hin zu Mandantengewinnung und Führungsaufgaben wechseln. Das ist nicht jedermann's Sache. Auch hier sollten Sie proaktiv agieren und sich mit Themen wie Kundenbetreuung und Mitarbeiterführung frühzeitig auseinandersetzen. Falls Sie Ihr inhaltliches Berufsfeld lieben, sich aber nicht sicher sind, ob Sie gerne Mitarbeiter führen und neue Mandanten ansprechen, dann fangen Sie am besten frühzeitig an, sich einen Partner zu suchen, der genau das gerne macht. So haben Sie meist beide eine positive Kooperationsbasis – oder zu gut „neudeutsch" eine „Win-Win-Situation".

2.3 Geschäftsidee/-modell

2.3.1 Jetzt geht's richtig los!

Mit der Beschreibung der Geschäftsidee und des Geschäftsmodells legen Sie, in Analogie zum Hausbau, das Fundament für Ihr Kanzlei-Start-up. Sie stellen hier dar, **wie** und **wann der Einstieg in die Selbständigkeit** erfolgen soll und **welche Dienstleistungen** Sie anbieten werden.

Tipp 8

Damit plausibel wird, wie Sie zukünftig Ihr Geld verdienen, beschreiben Sie Ihre Mandanten-Zielgruppe(n) und welchen Nutzen Sie konkret Ihren Mandanten bieten. Darüber hinaus legen Sie dar, welche Partnerschaften Sie eingehen und welche Ressourcen Sie benötigen, um die Erstellung der Leistungen zu ermöglichen.

Für die Entwicklung Ihres Geschäftsmodells empfehlen wir das sogenannte „Business Model Canvas". Auf einer Seite beschreiben Sie anhand von neun grundlegenden Bausteinen, wie Sie zukünftig mit Ihrer Kanzlei Geld verdienen möchten. Laden Sie sich die Vorlage herunter. Drucken Sie Ihr „Canvas" großformatig aus und bringen Sie es an einer Wand an. Notieren Sie Ihre Ideen in Form von Stichpunkten auf Post-it-Notizzetteln. Sie können so jederzeit Änderungen und Ergänzungen vornehmen und damit die Lesbarkeit sicherstellen.

Tipp 9

Bevor Sie starten: Schauen Sie unser Muster-Canvas an. Hier sind bereits erste Ideen und Aspekte eines Kanzleigeschäftsmodells dargestellt. Zahlreiche Impulse, um die einzelnen Felder Ihres Geschäftsmodells mit Inhalten auszufüllen, finden Sie in den nachfolgenden Kapiteln.

2.3.2 Über das Wie und Wann der Gründung

Eines vorab: Es gibt keinen Königsweg für den Einstieg in die Selbständigkeit als Steuerberater. Entscheidend ist Ihre **individuelle Ausgangssituation**, die bestimmt wird von Ihrem **Alter**, der **familiären Situation** und auch von Ihren **persönlichen Zielen** und **Vorstellungen**.

Welche Gründungsstrategien in der Praxis verfolgt werden, zeigt eine von DATEV durchgeführte Befragung bei rund 600 jungen Kanzleien. Den Sprung in die Selbständigkeit wagen rund die Hälfte innerhalb der ersten drei Jahre nach der Bestellung. Eine deutliche Mehrheit, nämlich rund 78 Prozent, gründen im Vollerwerb oder Nebenerwerb. Für den Kauf einer Kanzlei entscheiden sich 17 Prozent und lediglich 5 Prozent wählen die Partnerschaft als Gründungsoption. Weitere Informationen zu den Gründungsstrategien folgen in den nächsten Kapiteln.

Des Weiteren ergab sich bei der Neukundenbefragung, dass nur rund ein Viertel der befragten Steuerberater bereits während der Ausbildung oder während des Studiums die Entscheidung für die Selbständigkeit getroffen haben. Bei dem Rest entstand der Wunsch nach der eigenen Kanzlei erst während der Angestelltentätigkeit. Interessant ist zudem, dass rund die Hälfte innerhalb eines Jahres nach der Bestellung bereits den Sprung in die Selbständigkeit gewagt haben.

Steuerberatung ist übrigens keine reine Männerdomäne mehr. Sowohl beim Berufszugang, als auch in der Kanzleigründerszene, liegt die Quote bei 50:50. Interessant hierbei: Der Start in die Selbständigkeit geht oftmals einher mit der Geburt des ersten Kindes. Je älter die Kinder, desto größer werden die Freiräume für den Kanzleiausbau. Nach diesem Muster haben sich in den letzten Jahren viele Kanzleigründerinnen ihren Traum von der Selbständigkeit erfüllt.

Tipp 10

Entwickeln Sie für Ihr Kanzlei-Startup ein sogenanntes „Big Picture“, mit dem Sie Ihre persönlichen Vorstellungen konkretisieren. Wo möchten Sie in fünf oder zehn Jahren mit Ihrer Kanzlei stehen? Wie viele Mitarbeiter möchten Sie haben? Wie viele Stunden möchten Sie in der Woche arbeiten?

In der Gründungspraxis gibt es eine große Bandbereite – von der kleinen, aber feinen Praxis, bis hin zur Entwicklung einer internationalen Steuerberatungs- und Wirtschaftsprüfungsgesellschaft!

2.3.3 „Grüne Wiese“ – von fast Null auf Hundert!

Die „Grüne Wiese“ gilt als Synonym für einen **kompletten Neustart** und ist in Analogie zum Thema Hausbau vergleichbar mit dem Neubau eines Einfamilienhauses. Sie suchen sich einen geeigneten Standort und bauen dann Ihre „Wunschkanzlei“ nach Ihren eigenen Vorstellungen auf. Wie bereits erwähnt, ist dies die **häufigste Einstiegsvariante** in die Selbständigkeit. Der **Vorteil** liegt vor allem in dem **geringen Kapitaleinsatz**, insbesondere im Vergleich zum Kauf einer Kanzlei. Im Regelfall starten Sie mit einer kleineren Anzahl von Mandanten, die Sie aus Ihrem persönlichen und beruflichen Netzwerk gewinnen konnten. Da Sie davon alleine in der Regel am Anfang noch nicht leben können, kompensieren Sie Ihr Einkommen bzw. Budget über eine Tätigkeit als angestellter Steuerberater (§ 58 StBerG) oder als freier Mitarbeiter. Wenn Sie ausreichend zusätzliche Mandanten „akquiriert" haben, geben Sie Ihre Nebentätigkeit auf und wechseln dann in den Vollerwerb. Apropos Mandantenakquise: Zahlreiche Gründer und auch Befragungen bestätigen, dass in den ersten beiden Jahren der Selbständigkeit die Zahl der Mandanten eher konstant bleibt – im Durchschnitt rund sechzig Mandanten. Danach nimmt das Mandantenwachstum aber exponentiell zu; im dritten Jahr sind es dann rund hundert Mandanten. Begründet wird dieser Umstand häufig damit, dass es einfach Zeit braucht, bis Mandanten die Kanzlei weiterempfehlen. Ob das wirklich so ist und wie Sie das Ganze beschleunigen können, erfahren Sie später (▸*Kapitel 2.5.9 Empfehlungsmarketing II – Timing, Organisation und Perfektion*).

Tipp 11

Stellen Sie sich also auf die erste „Durststrecke" ein und nutzen Sie die Zeit auch für die Entwicklung und Organisation Ihres „Kanzleihauses". Mehr zeitliche Ressourcen – so berichten es immer wieder Kanzleigründer – werden Sie nie mehr zur Verfügung haben!

2.3.4 Mit Höchstgeschwindigkeit starten

Keine Lust auf „Durststrecke“? Dann steht Ihnen mit dem **Kauf einer bestehenden Kanzlei** eine zweite Variante zur Verfügung. Vergleichen Sie das Ganze wieder mit einer Immobilie: Statt neu zu bauen, erwerben Sie ein gebrauchtes Objekt. Sie können sofort „einziehen“ und verfügen, auf Ihre Kanzlei bezogen, von Anfang an über einen Mandanten- und Mitarbeiterstamm. Natürlich lassen sich hier gewisse „Umbaumaßnahmen“ ergreifen, aber diese müssen häufig dosiert eingeleitet werden – wenn die „Gesamtstatik“ erhalten bleiben soll. Ihre Führungsqualitäten sind hier also gefordert. Und natürlich gilt es beim Kanzleikauf, genau hinzuschauen. **Kriterien** sind hierbei u. a. die Rendite-, Ertrags- und Kostenstruktur, die Mandatsstruktur (Branchen, Alter), die Mitbewerbssituation, die Organisationsstruktur (IT, Prozesse) und die Mitarbeiterstruktur (Qualifikation, Alter). Bei der Ermittlung des Kaufpreises wird in der Regel das Umsatzwertverfahren angewendet. Die Spanne liegt zwischen 0,8 bis 1,2 – sprich für eine Kanzlei mit 300.000 Euro Umsatz beträgt Ihr Investment zwischen 240.000 und 360.000 Euro. Jährlich, so Branchenkenner, wechseln rund 1.500-2.000 Kanzleien den Besitzer. Verbunden mit der demografischen Entwicklung im Berufsstand, ist hier von einer steigenden Tendenz für die nächsten Jahre auszugehen. Angebot und Nachfrage finden hierbei auf unterschiedlichen Kanälen zusammen: Über persönliche Netzwerke, beispielsweise über das Engagement in Verbänden, Ausschüssen, in denen man Kontakte zu älteren Kanzleiinhabern knüpfen kann. **Über Anzeigen in einschlägigen Fachzeitschriften** oder über **Kanzlei-Makler**, die ähnlich wie der Immobilienmakler Kauf- und Verkaufsinteressenten zusammen bringen. Alternativ stehen Ihnen **diverse Plattformen im Internet** zur Verfügung. Außerdem bietet DATEV mit der **DATEV-Kanzleibörse** ebenfalls einen Online-Marktplatz an, der für potentielle Käufer und Verkäufer kosten- und provisionsfrei genutzt werden kann (Quelle: *www.datev.de/web/de/community/datev-kanzlei-boerse*).

Tipp 12

Das Thema Kanzleikauf ist facettenreich und „Geld ist schnell verbrannt". Mandanten können abwandern oder zusätzliche Investitionen werden notwendig, da der Organisationsgrad sich nicht mit den Darstellungen des Verkäufers deckt. Überraschungen lassen sich vermeiden, wenn Sie zunächst über eine freie Mitarbeit die Kanzlei, deren Mandanten und Mitarbeiter genauer kennen lernen. Wenn Sie diese Gründungs- oder Expansionsvariante in die engere Auswahl nehmen, sollten Sie sich im Vorfeld gut informieren (Quelle: Praxisübertragung in wirtschaftsprüfenden und steuerberatenden Berufen, Wehmeier) und auch beraten lassen. DATEV bietet hierzu umfassende Unterstützungsleistungen, die von Seminaren bis hin zur persönlichen Beratung durch einen DATEV-Gründungscoach reichen.

2.3.5 Auf Augenhöhe in die Partnerschaft

Was bei vielen klassischen Start-ups Normalität ist, kann auch für den Start in die Selbständigkeit als Steuerberater eine Option sein. Statt alleine durchzustarten, verbünden Sie sich mit Gleichgesinnten. Oder Sie streben die **Partnerschaft** in einer bestehenden Kanzlei an. Egal welche Variante Sie ins Auge fassen: Gemeinsam mit anderen Berufsträgern an der Kanzleientwicklung zu arbeiten, bringt **Vorteile**. Auf fachlicher Seite, beispielsweise durch das Einbringen unterschiedlicher Schwerpunkte in Bezug auf Branchen oder Tätigkeiten. Aufgaben können nach persönlicher Neigung und Stärken übertragen werden. In der Praxis zeigt sich beispielsweise häufig die Rollenteilung nach dem sogenannten Innenminister, verantwortlich beispielsweise für die Prozessabläufe in der Kanzlei, und dem sogenannten Außenminister, der vor allem in der Akquise tätig ist. Ein weiterer Vorteil ist, dass Sie größere Freiräume durch die gegenseitige Vertretung bei Urlaub und Krankheit gewinnen. Eine Partnerschaft ist aber auch mit Risiken und Nachteilen verbunden. Insbesondere dann, wenn die Augenhöhe verlassen wird und der eine Partner seinen persönlichen Beitrag als wertvoller erachtet.

Tipp 13

Der Weg in eine Partnerschaft sollte daher gut vorbereitet sein. Das Ganze beginnt bei Ihnen selbst. Fragen Sie sich – und vielleicht auch Andere – ob Sie überhaupt partnerschaftsfähig sind. Sind Sie bereit, einem gleichberechtigten Partner zu vertrauen, auch mal Mandanten abzugeben und sowohl Stärken als auch Schwächen zu akzeptieren?

Tipp 14

Damit dies funktioniert und es nicht zur „Scheidung“ kommt, sollten Sie sich auf gemeinsame Spielregeln einigen und diese auch vertraglich fixieren. Wenn Sie noch unsicher sind, bietet sich zum Einstieg die Zusammenarbeit im Rahmen einer Bürogemeinschaft an. Sie teilen sich verschiedene Ressourcen wie beispielsweise Besprechungsräume, Sekretariat oder technisches Equipment. Jeder Berufsträger arbeitet jedoch auf eigene Rechnung. Wenn Sie sich in eine bestehende Kanzlei „einkaufen“ möchten, ist die „Ehe auf Probe“ in Form einer Tätigkeit als angestellter Steuerberater (§ 58 StBerG) ein probates Mittel zur Risikominimierung.

2.3.6 Alles dreht sich um den Mandanten

Viele Unternehmensgründungen, nicht nur in der Steuerberatung, fokussieren regelmäßig das Produkt bzw. die Dienstleistung und deren technische und fachliche Aspekte. Vor lauter Begeisterung über die eigene Idee und die eigenen Fähigkeiten vergisst man dabei den wichtigsten Punkt: Den Kunden, in unserem Fall den Mandanten! Bei der Entwicklung der Geschäftsidee und dem zukünftigen Geschäftsmodell muss es daher vor allem darum gehen, Ihre zukünftigen Dienstleistungen aus **Sicht des Mandanten** zu betrachten:

- Welchen Nutzen bieten Sie Ihrem Mandanten?
- Welches Problem helfen Sie zu lösen?
- Welche Mandanten-Bedürfnisse können Sie befriedigen?

In unserem Planetensystem dreht sich alles um die Sonne – und bei unserer Geschäftsidee muss sich natürlich alles um den Mandanten drehen. Nur wenn der Mandant einen Mehrwert und einen konkreten Nutzen für sich sieht, wird er Ihnen einen Auftrag erteilen. Setzen Sie sich also auf den Stuhl Ihres Mandanten! Wie sagte einst Peter Drucker: "Not the product, the customer is the business."

Tipp 15

Beim Erarbeiten der Nutzenargumente für Ihre Mandanten unterstützt Sie das „Value Proposition Canvas". Dieses baut auf dem bereits erwähnten „Business Model Canvas" auf. Zunächst richten Sie einen Blick auf die Aufgaben, die Ihr Mandant (z. B. ein mittelständisches Handwerksunternehmen) im Rahmen seiner Selbstständigkeit erledigen muss. Im nächsten Schritt analysieren Sie, was ihm Nutzen stiftet und was ihm Schmerzen bereitet. Aus Ihren „Nutzen-Stifter" und „Schmerz-Killer" leitet sich dann Ihr Dienstleistungsangebot mit dem entsprechenden Mandantennutzen ab. Laden Sie sich die Vorlage, das Muster-Canvas, herunter, das die Herangehensweise verdeutlicht.

2.3.7 Mandanten gesucht!

Mandatsgewinnung ist die Herausforderung Nummer eins für Gründer, was sich in Befragungen und in Gesprächen mit jungen Kanzleiinhabern bestätigt. Spannende Fragen hierbei:

- Wer sind denn eigentlich die Zielmandanten unserer Kanzlei?
- Sind es Privatpersonen, Freiberufler oder Gewerbetreibende?
- Oder bestimmte Branchen wie Ärzte, Handwerker oder vielleicht Reisebüros?

Um es hier schon vorweg zu nehmen: Die meisten Gründer fokussieren sich zu Beginn nicht auf ein bestimmtes Klientel. Wenn ein Mandant mit Auftrag droht, wird nicht geschaut, wo er herkommt. Je mehr man sich zu Beginn auf bestimmte Zielgruppen einengt, desto kleiner wird eben auch der Markt. Für den Start in die Selbständigkeit werden Mandanten über das eigene Netzwerk akquiriert. In diesem Zusammenhang sollten Sie sich mit der Frage beschäftigen, wie Sie mit Mandanten Ihres ehemaligen Arbeitgebers verfahren.

Tipp 16

Nehmen Sie Ihren Arbeitsvertrag genau unter die Lupe und sichten ihn nach nachvertraglichen Wettbewerbsverboten sowie Mandantenübernahmeklauseln. Informieren Sie sich über Fachaufsätze über die aktuelle Rechtsprechung und lassen Sie sich im Zweifelsfall rechtlich, beispielsweise von Ihrer regionalen Steuerberaterkammer, beraten. Eine Trennung vom alten Arbeitgeber hinterlässt manchmal Wunden, aber beherzigen Sie auch den Spruch, dass man sich immer zweimal im Leben sieht.

Das Gewinnen von Mandanten und Aufträgen kann aber auch über **Kooperationen** funktionieren. Gehen Sie aktiv auf Berufskollegen zu und bieten Sie, auf Basis Ihrer Expertise und Beratungsschwerpunkte, eine Zusammenarbeit an. Viele Kanzleien müssen heute Mandanten aus zeitlichen oder aus fachlichen Gründen ablehnen. Häufig hört man auch von älteren Beratern, die etwas kürzer treten wollen und Mandanten abgeben.

Tipp 17

Obwohl es erst mal „Masse“ braucht, sollten Sie die „Klasse“ am Anfang Ihrer Selbständigkeit nicht außer Acht lassen. Beschäftigen Sie sich bereits in der Gründungsphase mit bestimmten Zielgruppen, bei denen Sie einen großen Bedarf sehen oder Sie bereits Erfahrungen vorweisen können. Seien Sie aber flexibel, denn häufig ergeben sich bestimmte Branchenschwerpunkte mitunter zufällig. Weitere Hinweise zum Thema im ▸*Kapitel 2.4.7 Finden Sie Ihr Glück*.

2.3.8 Steuerberatung – mehr als man denkt

Welche Dienstleistungen erbringt eigentlich ein Steuerberater? Ist doch klar, werden Sie sich sagen: Finanz- und Lohnbuchhaltung, Jahresabschlüsse, Steuererklärungen und natürlich auch steuerliche und betriebswirtschaftliche Beratung. Und wenn Sie dann Ihre Wettbewerber via Internet analysieren, erhalten Sie nochmal die Bestätigung: Überall das Gleiche und von Innovationen weit und breit keine Spur!

Tipp 18

Sie sollten sich mit der Frage auseinandersetzen, warum ein Mandant gerade zu Ihnen kommen sollte. Was zeichnet Sie aus? Wo liegen Ihre Stärken? Was machen Sie anders, besser, schneller etc. als Ihre „Marktbegleiter“? Wie erzeugen Sie Aufmerksamkeit bei potentiellen Mandanten?

Sie ahnen es schon, wir sind hier bei den sogenannten **Alleinstellungsmerkmalen**. Die „Gleichmäßigkeit“ in der Außendarstellung Ihrer Wettbewerber ist geradezu eine Steilvorlage und große Chance zugleich. Machen Sie deutlich, wie sich Ihr Leistungsangebot von anderen unterscheidet, von anderen abhebt. Und Sie fragen sich nun wie? Setzen Sie sich hierzu mit den **Erwartungen Ihrer zukünftigen Mandanten** auseinander. Sicherlich haben Sie bereits in vielen persönlichen Begegnungen mit Ihren bisherigen Mandanten erfahren, was Mandanten wichtig ist. Ergänzend können Sie auf Befragungen und Studien zurückgreifen. Impulse liefert auch die Zukunftsstudie „Steuerberatung 2020“ der Bundesteuerberaterkammer. Über die sogenannten „Gestaltungoptionen“ (Quelle: Steuerberatung 2020, Gestaltungsoptionen einer zukunftsfähigen Kanzlei, S. 42) werden Entwicklungspläne für die Ausweitung des Dienstleistungsangebots dargelegt. Themenfelder sind beispielsweise die Rechtsberatung, die Vorsorge- und Vermögensberatung sowie die Betriebswirtschaftliche Beratung. Für den Aufbau der Unternehmensberatung werden in der ersten Stufe die Prozessberatung, die Nachfolgeberatung und die Existenzgründungsberatung exemplarisch genannt. Die regionalen Kammern und Verbände bieten zielgerichtete Weiterqualifikationen in Verbindung mit der „Offensive Mittelstand" an (Quelle: *www.offensive-mittelstand.de*). Weitere Informationen zur Beratung von Unternehmensgründern liefert DATEV unter *www.datev.de/gruendungsberatung*.

Tipp 19

Nehmen Sie aber auch selbst die Käuferrolle ein und analysieren Sie, welche Leistungen Sie bei Autohändlern, Telekommunikationsanbietern, Gastronomiebetrieben, Banken oder anderen Dienstleistern schätzen und übertragen diese auf Ihr Dienstleistungsportfolio: Kombinieren Sie Ihre Beratungsleistungen mit speziellen Services.

Beispiele aus der Steuerberater-Praxis gefällig: Eine 24-Stunden-Rückrufgarantie, ein Hol- und Bringservice, SMS-Benachrichtigungen für anstehende Termine oder gar eine 24/7-Erreichbarkeit – was in diesem Fall nicht dazu geführt hat, dass zu Feierabend- und Wochenendzeiten massenweise Anrufe eingingen – es waren nur zwei im Jahr! Sie können natürlich auch eine „Akademie" gründen, in der Sie Ihren Mandanten u. a. die Interpretation der Betriebswirtschaftlichen Auswertung (BWA) näher bringen. Oder Sie ersetzen den klassischen Belegaustausch über Pendelordner durch eine digitale Abwicklung oder buchen beim Mandanten vor Ort.

Tipp 20

Überlegen Sie sich, welches „Mehr" an Steuerberatung Sie Ihrem Mandanten anbieten wollen. Hier ist Ihre Kreativität gefragt und wichtig dabei: Haben Sie Geduld und setzen Sie sich zeitlich nicht unter Druck. Gehen Sie raus in die Natur, treiben Sie Sport. Die besten Einfälle kommen einem nur selten am Arbeitsplatz!

2.3.9 Die Kanzlei der Zukunft ist digital!

Die Digitalisierung ist einer der Megatrends. Und eine Steilvorlage für Kanzleigründer, zumal viele am Markt etablierte Kanzleien sich entweder nicht ausreichend mit der Digitalisierung auseinandersetzen oder es bei ihrem Außenauftritt nicht in den Vordergrund stellen. Kurzum, mit digitalen Angeboten und der Nutzung digitaler Medien können Sie **beim Mandanten punkten**. Beispiele gibt es zu Hauf: Der Steuerberater, der „bloggt und Facebook macht" als redaktioneller Beitrag in einer Tageszeitung – was nicht nur **gutes Marketing** für den jungen Berater ist, sondern auch nebenbei das angestaubte **Image des Berufsstands** korrigiert. Der Steuerberater, der mit seinen Mandanten online konferiert und für die Erläuterung der BWA nicht eine Stunde Fahrtzeit investieren muss. Oder der Steuerberater, der von seinem neuen Mandanten als „jung und innovativ" bewertet wird, weil er zukünftig die Buchungsbelege nicht mehr im Pendelordner ablegt, sondern einscannt und elektronisch versendet. Vielleicht sagen Sie jetzt, dass dies doch schon lange technisch möglich ist. Korrekt, jedoch ist entscheidend, was und wie der Mandant solche Dinge wahrnimmt und anwendet. Fakt ist, dass der deutsche Mittelstand schwerpunktmäßig noch in der analogen Welt zu Hause ist.

Tipp 21

Unterstützen Sie Ihren Mandanten bei der Transformation in die digitale Welt und zeigen Sie auf, welche Vorteile sich hieraus ergeben. Zu stoppen ist die Digitalisierung ohnehin nicht. Springen Sie also gleich auf den Zug, zeigen Sie Ihre Innovationskraft und heben Sie sich so von Ihren Mitbewerbern ab.

2.3.10 Warum Sie nicht den Zehnkämpfer spielen sollten

Ganz am Anfang jeder Gründungsidee steht das Produkt – in unserem Fall die Dienstleistungen, die Sie aufgrund Ihrer Qualifikation als Steuerberater erbringen können. Der **Umfang Ihres Dienstleistungsportfolios** ist im Steuerberatungsgesetz (StBerG) geregelt, wobei zwischen den sogenannten Vorbehaltsaufgaben und den vereinbaren Tätigkeiten unterschieden wird.

Ohne hier auf die Details einzugehen – ein äußerst breites Spektrum und damit verknüpft einige wichtige Fragen:

- Welche Dienstleistungen erwarten Ihre zukünftigen Mandanten von Ihnen?
- Welche Dienstleistungen können Sie oder ihre Mitarbeiter erbringen?
- Welche Dienstleistungen können Sie über Kooperationspartner anbieten?

Gerade als sogenannter „Einzelkämpfer" ist es wichtig zu erkennen, dass die **Erwartungen der Mandanten** an ein **breites Beratungsspektrum** in den letzten Jahren kontinuierlich gestiegen sind. Sicherlich ist es reizvoll, sich über die Standarddienstleistungen hinaus immer wieder mit neuen Themen vertraut zu machen. Häufig ist dies jedoch mit einem sehr **hohen Einarbeitungs- bzw. Zeitaufwand** verbunden und die **Deckungsbeiträge** sind entsprechend **gering**.

Tipp 22

Stellen Sie sich daher regelmäßig die Frage über „make or buy". Peter Drucker bringt es auf den Punkt: „Konzentration ist der Schlüssel zu wirtschaftlichen Resultaten." Konzentrieren Sie sich also auf bestimmte Dienstleistungen, suchen Sie Kooperationspartner und spielen Sie nicht den Zehnkämpfer. Der (Trainings)-Aufwand ist enorm und Bestleistungen sind nicht zu erwarten.

2.3.11 Generalist oder Spezialist – ist das hier die Frage?

Eine grundsätzliche Antwort auf die Ausrichtung einer neu gegründeten Kanzlei kann es natürlich nicht geben. Wie heißt es immer so schön: Es kommt darauf an! Welche bisherigen Erfahrungen bringen Sie mit? In welcher Branche haben Sie sich bisher schwerpunktmäßig bewegt? Wie ist die Marktsituation in Ihrer Zielregion? Und vor allem: Was erwarten Ihre potentiellen Mandanten? Und das ist vor allem die vielzitierte **„Beratung aus einer Hand"** – wie Sie dies in der Gründungsphase mit noch geringer Personaldecke schaffen, lösen wir gleich auf. Außerdem messen insbesondere mittelständische Mandanten der Spezialisierung einer Kanzlei eine verhältnismäßig geringe Bedeutung zu. Insofern wählen die meisten Gründungen daher vor allem zu Anfang einen generalistischen Ansatz – quasi vergleichbar mit dem Hausarzt im medizinischen Bereich -, der durchaus auch Zukunft hat und die Mandanten, basierend auf einem hohen Vertrauensverhältnis bei allen unternehmerischen Entscheidungen begleitet. Erst zu einem späteren Zeitpunkt stellt sich dann die Frage nach einer Spezialisierung: Meistens dann in Bezug auf eine bestimmte Branche, die häufig auch spezielle steuerrechtliche und betriebswirtschaftliche Problemstellungen mit sich bringen (z. B. Ärzte, Künstler, Reisebüros).

Tipp 23

Um Ihre Kompetenz in der Zielbranche zu dokumentieren, bietet sich einerseits die Weiterqualifizierung zum Fachberater an. Zum anderen sollten Sie sich aber auch in der „Branche" einen Namen machen, beispielsweise durch Fachvorträge und Publikationen. Aber wie heißt es so schön: Ein Schritt nach dem anderen!

2.3.12 Klein, aber doch ganz groß – warum Kooperationen so wichtig sind!

„Beratung aus einer Hand", war eben gerade schon mal das Thema. Und wenn man es ganz genau nimmt, sind es dann im ersten Jahr der Gründung maximal zwei bis vier Hände. Der Kanzleigründer und ein weiterer Mitarbeiter. Zentrale Frage hierbei ist: Wie soll es gelingen – der steigenden Komplexität und der wachsenden Ansprüche der Mandanten zum Trotz – dem Mandanten von Anfang an Full-Service-Leistungen anzubieten? Die Lösung: Suchen Sie sich **Kooperationspartner** und **kaufen** Sie einzelne **Leistungen**, die Sie nicht selbst erbringen können oder wollen, einfach hinzu.

Tipp 24

Mögliche Kooperationspartner zu finden gelingt Ihnen beispielsweise über:

- Ihr persönliches Netzwerk in der Branche (Steuerberaterkollegen, mit denen Sie das Examen absolviert haben, ehemalige Kollegen, Rechtsanwälte etc.)
- Freie Mitarbeiter, beispielsweise für Buchführungsleistungen
- Neumitgliederclub und Gründernetzwerke im Rahmen der DATEV-Startpakete
- IT- und Serviceprovider, beispielsweise indem Sie die Erstellung der Lohn- und Gehaltsabrechnung aufgrund fehlendem Personal oder das Betreiben der IT an DATEV auslagern (DATEV-Smart IT)

Entscheidend ist, dass Sie alle wichtigen Beratungsfelder abdecken. Für Einzelfälle haben Sie dann immer noch die Option, über Steuerberaterdatenbanken (z. B. vom DStV oder von DATEV – ▸*Kapitel 2.4.5 Auf der Suche nach den Mitbewerbern*) Kollegen zu finden, die Sie in Spezialfällen unterstützen können.

Tipp 25

Ergänzend zu Ihrer Kooperationsstrategie in Bezug auf Ihr Leistungsportfolio, sollten Sie prüfen, welche weiteren Ressourcen und Aufgaben von Partnern erbracht werden können. In diesem Zusammenhang empfehlen wir Ihnen von Timothy Ferris „Die 4-Stunden-Woche", als Buch oder alternativ eine Zusammenfassung der Kernbotschaften auf Youtube. Und um gleich Ihre Begeisterung über den Titel zu dämpfen – mit rund einer Stunde täglich wird es in der Steuerberatung schwierig. Aber: Die vorgestellte Philosophie, eine Vielzahl von betrieblichen Funktionen auszulagern, greift auch in der Steuerberatung! Kümmern Sie sich doch lieber um Ihre Mandanten, anstatt Software zu installieren oder Firmenlogos und Webseiten zu kreieren. Für all diese Themen gibt es Spezialisten – so wie Ihre Mandanten Sie als Spezialist für steuerliche und betriebswirtschaftliche Fragestellungen nutzen.

2.3.13 Kanzleimotor gestartet – Etappenziel erreicht

Nachdem Sie Klarheit über Ihr Dienstleistungsportfolio und die zukünftigen Mandanten gewonnen haben, geht es nun um die Ressourcen, die Sie benötigen um „Fahrt aufzunehmen“. Die wichtigste Ressource ist selbstverständlich Ihr Fachwissen und Ihr Unternehmergeist. Früher oder später gilt es natürlich auch, den ersten **Mitarbeiter einzustellen**, was sich in Anbetracht des Fachkräftemangels in der Branche als nicht so einfach darstellt.

Tipp 26

Warten Sie nicht zu lange und gehen erst dann in die Personalakquise, wenn Sie Ihren ersten Mitarbeiter voll auslasten können. Kanzleigründer berichten immer wieder von sechs und mehr Monaten, die es braucht, um eine vakante Stelle zu besetzen.

Ein weiteres wichtiges Etappenziel in Ihrer Gründungsphase, sind Ihre ersten **Kanzleiräume**. Über die Startphase sind Sie nun hinaus und ziehen jetzt vom häuslichen Arbeitszimmer – ob Keller, Dachgeschoss oder Esszimmer – in Ihre ersten Kanzleiräume. Eine erfolgreiche Kanzleigründerin bezeichnete es als „den entscheidenden Schritt für unsere positive Kanzleientwicklung". Beachten Sie bei der Gestaltung, dass die Kanzleiräume „Begegnungsstätte" für Ihre Mandanten sind und Sie damit auch Ihre Persönlichkeit und Ihre Kanzleiphilosophie dokumentieren. Bedenken Sie aber auch, dass es der Ort ist, an dem Sie und Ihre Mitarbeiter tagtäglich ein Drittel des Tages verbringen. Und bekanntermaßen wirkt sich ein positives Arbeitsumfeld auf die Ergebnisse und die Zufriedenheit aus.

Tipp 27

Außerdem sollte Ihr „Kanzleimotor" natürlich möglichst effizient arbeiten. Reizen Sie die Möglichkeiten Ihrer Software so weit wie möglich aus, automatisieren Sie Abläufe und nutzen Sie sofort die Möglichkeiten der Digitalisierung.

Weitere Impulse zum Thema finden Sie in den ▸*Kapiteln 2.6. Personal* und ▸*2.7 Organisation und Prozesse*.

2.4 Markt & Wettbewerb

2.4.1 Auf dem Weg zum Titel

Sicherlich erinnern Sie sich noch an die Fußball-Weltmeisterschaft 2014. Die deutsche Nationalmannschaft errang den lange ersehnten Weltmeistertitel. Und das, nachdem Bundestrainer Joachim Löw nach dem letzten Testspiel ankündigte: „Wenn es losgeht, werden wir den WM-Turbo zünden." Einerseits eine schöne Analogie zu unserem Buchtitel, andererseits aber auch eine Gelegenheit, die Ursachen des Erfolgs zu untersuchen. Diese lagen nämlich nicht nur in den individuellen Fähigkeiten der Spieler. Vielmehr hat der Betreuerstab im Vorfeld die Spielsysteme, sowohl von den erfolgreichsten Mannschaften, als auch von jedem einzelnen Gegner der deutschen Mannschaft, genauestens analysiert und ausgewertet. Letztlich konnten hieraus die richtigen Strategien für die WM-Spiele entwickelt werden.

Tipp 28

Damit Sie Ihren Kanzlei-Turbo zünden, sollten auch Sie Informationen über die „Spielsysteme" in der Steuerberaterbranche sammeln. Indem Sie Ihre Wettbewerber – quasi die gegnerischen Mannschaften – genau analysieren. Aber auch Ihren Zielmarkt und Ihre Zielgruppe sollten Sie nach quantitativen und qualitativen Kriterien untersuchen. Damit sind Sie bestens gerüstet, eine passende Strategie zu entwickeln, die zwar nicht zum Titel führt, aber Ihnen zumindest zu einem erfolgreichen Start in die Selbständigkeit verhilft.

2.4.2 Spielen Sie Detektiv!

Er ist der Inbegriff des Detektivseins: Sherlock Holmes, der mit seinen forensischen Arbeitsmethoden, detailgenauer Beobachtung und mit Unterstützung seines Assistenten Dr. Watson die kniffligsten Fälle löst. Für unseren Fall, die Gründung einer Steuerberatungskanzlei, ist „Beobachtung" ebenfalls von zentraler Bedeutung. Das Zusammentragen von Informationen ist jedoch um ein Vielfaches einfacher geworden. Internet sei Dank. Die nachfolgende Auflistung gibt Ihnen einen ersten Überblick über verfügbare Quellen:

- Berufsstatistik (abrufbar über *www.bstbk.de*)
- Statistisches Berichtssystem für Steuerberater – STAX 2012 (abrufbar über *www.bstbk.de*)
- Statistik-Portal „Statista" (kostenloser Basis-Account)
- DStV-Praxenvergleich 2015 – für Teilnehmer kostenfrei, ansonsten kostenpflichtig
- „7 Thesen für die Entwicklung des Berufsstands" von der Bundessteuerberaterkammer (*www.bstbk.de/export/sites/standard/de/ressourcen/Dokumente/04_presse/pressemitteilungen_anlagen/2012/PM006_2012_Kernaussagen_Anlage.pdf*)
- Zukunftsstudie Steuerberatung 2020 (abrufbar über *www.bstbk.de*)
- Studie „Mandanten ziehen Bilanz" (abrufbar *www.strassenberger.com*)

Ergänzen Sie Ihre Recherche bei Bedarf mit Hilfe von Fachbüchern und Fachzeitschriften rund um die Steuerberaterbranche. Interessante Quellen sind u. a.:

- Steuerberatung 2020, erschienen im nwb-Verlag
- Mut zur Selbständigkeit, erschienen im nwb-Verlag
- Steuerberater Magazin
- Kanzleiführung professionell

Sie werden mit etwas Geduld und Hartnäckigkeit aber sicher noch weitere Informationen recherchieren. Also dann: Viel Erfolg beim „Ermitteln“!

2.4.3 Wie geht's uns denn?

Egal, in welcher Branche man ein Start-up plant. Um zu sehen, ob man mit seinem Geschäftsmodell auch mittel- bis langfristig Geld verdienen kann, lohnt sich ein genauer Blick auf den „Gesundheitszustand“ der Branche. Und wie geht es der Steuerberaterbranche konkret? Nun, sie erfreut sich bester Gesundheit. Branchenanalysen, beispielsweise von FERI oder dem Ifo-Institut, bestätigen eine **gute wirtschaftliche Entwicklung**, eine **hohe Auslastung** und **positive Zukunftsaussichten**. Zudem ist die Insolvenzwahrscheinlichkeit sehr gering und bei der Inanspruchnahme von Krediten vergeben Banken ein **Top-Rating**. Auch in Gesprächen mit etablierten Kanzleien überwiegt die Zuversicht. Einziger Wermutstropfen ist der

Fachkräftemangel, der mittlerweile dazu führt, dass einzelne Aufträge abgelehnt werden müssen oder gar keine Mandanten mehr aufgenommen werden können.

Trotz der Konzentrationstendenzen in den letzten Jahren, ist die Steuerberaterbranche weiterhin mittelständig geprägt. Von den rund 54.000 Kanzleien in Deutschland werden ca. 60 Prozent als Einzelkanzlei geführt, wobei seit vielen Jahren diese Berufsausübungsform zu Gunsten von Steuerberatungsgesellschaften und Partnerschaftsgesellschaften abnimmt. Die **Zahl der Steuerberater** steigt seit einigen Jahren nur noch mit **geringen Wachstumsraten** und die Anzahl der **neu bestellten Steuerberater sinkt** stetig. Die Selbständigenquote liegt bei rund 70 Prozent und ist seit vielen Jahren rückläufig. Der Berufsstand „altert" im Zuge des demografischen Wandels. Der Altersschnitt liegt aktuell bei rund 52 Jahren und über 23.000 Steuerberater sind 60 und älter. In den nächsten Jahren werden daher zahlreiche Kanzleien auf Nachfolger übergehen, von anderen Kanzleien übernommen oder ggf. auch vom Markt verschwinden.

Die **Honorareinnahmen** werden bei der branchentypischen Kanzlei vor allem von den sogenannten Vorbehaltsaufgaben bestimmt. Rund 30 Prozent entfallen auf die Finanzbuchhaltung, rund 32 Prozent auf den Jahresabschluss und etwa 25 Prozent auf die Steuerdeklaration und weitere Vorbehaltsaufgaben. Die „Betriebswirtschaftliche Beratung" spielt nach wie vor eine nur sehr geringe Rolle. Die schon seit langem prognostizierten Honorareinbußen in den deklaratorischen Geschäftsfeldern bzw. Vorbehaltsaufgaben, sind (noch) nicht eingetreten. Schauen wir mal, was die Zukunft so bringt!

2.4.4 Wo geht die Reise hin?

Wie heißt es so schön: Nichts ist beständiger als der Wandel! Und der zeigt sich auch in der Steuerberatungsbranche. Wesentliche Treiber sind die Digitalisierung, die wachsende Konkurrenz und der Fachkräftemangel (siehe auch Zukunftsstudie Steuerberatung 2020, BStBK). Regelmäßig sind die deutschen berufsrechtlichen Regelungen, wie beispielsweise die Steuerberatervergütungsverordnung (StBVV) oder die Regelungen zu den Vorbehaltsaufgaben, im Visier der Europäischen Union – Stichwort Deregulierung. Und wie geht die Branche mit diesen Veränderungen um?

Seit einigen Jahren nehmen sich die berufsständischen Organisationen dieses Themas an und entwickeln hierzu Strategien und Lösungsvorschläge. Die Bundessteuerberaterkammer hat bereits in 2012 die 7 Thesen für die Entwicklung des Berufsstands formuliert. Im August 2014 folgte dann mit „Steuerberatung 2020“ eine 110-seitige Dokumentation und seit Sommer 2015 ein 90-minütiges Onlineseminar, das Impulse und Anregungen gibt, die „Attraktivität als Problemlöser, Arbeitgeber und für die Selbständigkeit“ zu steigern. Hinsichtlich der Vorgehensweise empfiehlt die Kammer zunächst die Umsetzung von „Mindestanforderungen für die zukunftsfähige Kanzlei“, wie beispielsweise ein standardisiertes Dienstleistungsportfolio, optimierte und standardisierte Prozesse, ein professionelles Erscheinungsbild sowie die Schaffung attraktiver Arbeitsbedingungen. Abhängig von der Einordnung in sogenannte Kanzleitypen (z. B. traditionelle Einzelkanzlei, fortschrittliche Einzelkanzlei) werden für die strategische Ausrichtung der Kanzlei Gestaltungsoptionen nach Geschäftsfeldern und Zeithorizont dargestellt.

Tipp 29

Für die erstmalige Entwicklung Ihrer **Kanzleistrategie** und der **Wettbewerbsanalyse** erhalten Sie über den Teil „Der Steuerberater als attraktiver Problemlöser“ im Video „Steuerberatung 2020“ wichtige Impulse. In Anlehnung an die „Five-Forces“ von Michael Porter wurden die nachfolgenden fünf strategischen Kräfte von Kanzleien ermittelt:

1. Wissen
2. Beziehungskompetenz
3. Reputation
4. Mandanten und Empfehler
5. Wettbewerb

Tipp 30

Beschreiben Sie bei Ihrer Branchenanalyse die einzelnen „Kraftfelder". Ermitteln Sie anschließend in den einzelnen Feldern für Ihre Kanzlei die Stärken (Strengths) und Schwächen (Weaknesses) sowie mit Blick auf Ihr Umfeld die Chancen (Opportunities) und Risiken (Threats). Mit der sogenannten SWOT-Analyse – die wir später im ▸*Kapitel 2.8 Chancen & Risiken* wieder treffen – können Sie sehen, wie Ihre Kanzlei im Markt positioniert ist.

Außerdem decken Sie Verbesserungspotentiale auf, denen Sie mit geeigneten Maßnahmen begegnen können. Auch nach dem erfolgreichen Start Ihrer Kanzlei sollten Sie es sich zur Daueraufgabe machen, Ihre Kanzleistrategie weiter zu entwickeln, damit die Reise Ihrer Kanzlei auch in Zukunft ohne Sturm und Turbulenzen weitergeht.

2.4.5 Auf der Suche nach den Mitbewerbern

Sie sind im Regelfall schon einige Jahre in der Branche unterwegs und haben über Ihr berufliches Netzwerk bereits einen groben Überblick über Ihre Wettbewerber. Aber wie sieht die **Konkurrenzsituation** in der Branche insgesamt aus und wer sind Ihre Mitbewerber? Informationen hierzu liefert beispielsweise die STAX-Befragung aus 2012, in der rund zwei Drittel der Kanzleien angeben, dass die Konkurrenz in den letzten Jahren gestiegen ist. Als größte Konkurrenten werden vor allem andere Berufsangehörige – also Steuerberater – gefolgt von den Bilanzbuchhaltern gesehen. Mit einigem Abstand folgen Rechtsanwälte, Banken und Versicherungen. Die Zahlen und Daten der STAX-Befragung sollten Sie aber nicht beunruhigen. Vielmehr ist es ein gutes Indiz dafür, dass man mit Steuerberatungsleistungen Geld verdienen kann, denn wie heißt es so schön: „Wo es keine Konkurrenz gibt, da ist auch kein Markt."

Fokussieren wir uns bei der weiteren Recherche auf die Konkurrenz aus der eigenen Branche.

Tipp 31

Zur Verfeinerung hilft Ihnen wieder das Internet. Geben Sie in der Suchmaschine Ihrer Wahl „Steuerberater“ und den zukünftigen Kanzleistandort ein. Im Regelfall erhalten Sie in Ihrer Trefferliste neben einem ersten Überblick in Listenform auch eine Kartendarstellung mit den Standorten Ihrer Mitbewerber. Über die Kanzleiwebseite Ihrer Mitbewerber erhalten Sie weitere Informationen über das Dienstleistungsangebot, die Zielgruppe oder auch die Kanzleigröße. Weitere Übersichten über Ihre potentiellen Wettbewerber finden Sie u. a. in den nachfolgenden Suchdiensten:

- *www.dasoertliche.de*
- *www.gelbeseiten.de*
- *www.datev.de/web/de/anwendung/mss/mss-suche/*
- *www.dstv.de/suchservice/steuerberater-suchen*
- *www.bstbk.de/de/steuerberater/*
- *www.steuerfinder.com/*

Abhängig vom Anbieter und dem Umfang der Informationen, die Kanzleien hinterlegen können, haben Sie die Möglichkeit, Ihre „Marktbegleiter“ nach diversen Selektionskriterien – beispielsweise Fachberaterqualifikationen,

Arbeitsgebieten, Branchenspezialisierungen und Fremdsprachenkenntnissen – zu analysieren. Verlassen Sie sich aber nicht nur auf Ihre Webrecherchen. Erweitern Sie Ihr persönliches Netzwerk im Umfeld der Steuerberaterbranche. Dazu gehören Mandanten, Banken, Rechtsanwälte oder auch das Finanzamt, über die Sie weitere nützliche Informationen generieren. Außerdem sollten Sie Ihre übrigen Wettbewerber, wie z. B. Bilanzbuchhalter, Banken, Versicherungen und Unternehmensberater nicht unterschätzen und in diesem Zusammenhang die politischen und technologischen Veränderungsprozesse kritisch beobachten. Aktuell zeigt uns die Automobilbranche, wie die Elektromobilität und das autonome Fahren scheinbar unbedeutende Unternehmen zu größten Konkurrenten werden lässt.

Tipp 32

Spielen Sie für Ihre Kanzlei rechtzeitig mögliche Szenarien, wie zum Beispiel die Auswirkungen der Digitalisierung, im Rahmen der Betrachtung der Chancen und Risiken (▸*Kapitel 2.8 Chancen und Risiken*) durch und treffen Sie entsprechende Vorbereitungen. Damit Sie nach einem erfolgreichen Start auch für die Zukunft gut aufgestellt sind.

2.4.6 Zahlen, Daten, Fakten

Sie haben eine Liste mit Kanzleien erstellt, mit denen Sie zukünftig im Wettbewerb stehen. Im nächsten Schritt geht es um die Aufbereitung der Informationen über Ihre Konkurrenten. Nachstehend finden Sie eine Übersicht mit möglichen Merkmalen und Kriterien:

- Kanzleigröße (Anzahl Berufsträger und Mitarbeiter)
- Zielgruppen
- Fachkompetenz
- Wesentliche Partnerschaften und Kooperationen
- Preis-/Leistungsverhältnis
- Termintreue
- Image
- Internetauftritt
- Flexibilität/Mobilität
- Leistungsbreite
- Alleinstellungs-Merkmale
- Innovations-Bereitschaft
- Kunden-Beziehungen

Tipp 33

Treffen Sie für Ihre Konkurrenzanalyse eine Auswahl der für Ihr konkretes Kanzlei-Startup relevanten Kriterien und ergänzen Sie diese bei Bedarf. Die entsprechenden Informationen können Sie in Form von Steckbriefen verbal beschreiben. Um Ihre aktuelle Positionierung im Vergleich zu den verschiedenen Mitbewerbern darzustellen, verwenden Sie tabellarische oder grafische Darstellungen. Auf einer Skala, beispielsweise von 1 (hoch) bis 9 (gering), bewerten Sie die Ausprägungen der relevanten Merkmale. Erstellen Sie sich doch hierzu eine Tabelle in einem Tabellenkalkulationsprogramm. Hieraus können Sie nun verschiedene grafische Darstellungen erzeugen, beispielsweise Linien- oder Radardiagramme (Quelle: BayStartup Handbuch Businessplanerstellung S. 58 f). Alternativ haben Sie die Möglichkeit, für die einzelnen Kriterien über ein Ampelsystem Ihre derzeitige Wettbewerbssituation zu bewerten. Oder Sie greifen die Emoji-Welle auf und verwenden hierfür statt Rot, Gelb und Grün einen Smiley, einen Frowney oder einen Indifferey.

2.4.7 Finden Sie Ihr Glück

Kanzleigründer sind gerade in der Gründungsphase nicht wählerisch und nehmen in der Startphase nahezu jedes Mandat an. Auch wenn das legitim und nachvollziehbar ist, glücklich wird man nicht immer dabei. Der Slogan einer Partnerschaftsvermittlung – „Finden Sie Ihr Glück" – kann auch für die Beziehung zwischen Ihnen und Ihren zukünftigen Mandanten angewendet werden.

Tipp 34

Genau wie bei der Suche nach einem Lebenspartner, sollten Sie schon von Anfang an konkrete Vorstellungen über Ihre zukünftige Mandantschaft entwickeln.

Dies hat den Vorteil, dass Sie die Größe der Zielgruppe bestimmen und das Marktpotenzial ermitteln können. Außerdem leiten sich hieraus wichtige Informationen für Ihr zukünftiges Marketingkonzept oder auch für die Standortfrage ab.

Tipp 35

Machen Sie sich aber nicht nur Gedanken darüber, wer Ihre Dienste zukünftig in Anspruch nehmen soll, sondern auch wen Sie nicht bedienen wollen oder können. Hier einige Kriterien, nach denen Sie Ihre Zielgruppe bilden können:

- Privatpersonen (z. B. nach Einkommen, Alter, Berufe)
- Unternehmen (z. B. Freiberufler, Gewerbetreibende)
- Branchen (z. B. Ärzte, Handwerker, Werbeagenturen)
- Geografische Aspekte (z. B. regional, überregional, international)
- Lebenszyklus bei Unternehmen (z. B. Existenzgründung, Unternehmensnachfolge)

Sammeln Sie **quantitative** und **qualitative Informationen** über Ihre **Zielgruppen**. Zahlenmaterial finden Sie auf der Internetseite des statistischen Bundesamtes (destatis.de). Neben vorgefertigten Berichten, wie zum Beispiel die „Handwerkszählung 2012“, können Sie im Bereich der Datenbanken mit GENESIS-Online individuelle Aufbereitungen vornehmen. Da die Bedienung nicht ganz so einfach ist, gibt es auf der Startseite Erläuterungen in Form eines „Erklärvideo". Wenn Sie das Raster enger ziehen wollen und Daten konkret für Ihre Region abrufen wollen, werden Sie auf „regionalstatistik.de" fündig. Möchten Sie zum Beispiel näheres zur Handwerksbranche erfahren, dann wählen Sie in der Datenbank in der Rubrik „Themen" den „Code 53". Über den darauf folgenden „Code 531" gelangen Sie zur oben bereits genannten Handwerkszählung. Hier können Sie nach Kreisen und kreisfreien Städten differenzieren. Sie erhalten dann u. a. eine Auswertung über die Anzahl der tätigen Handwerksunternehmen, die Anzahl der tätigen Personen, die beschäftigten Personen je Unternehmen und den Umsatz. Probieren Sie es einfach mal mit Ihrer Region und der passenden Zielgruppe aus. Außerdem stellen auch die Industrie- und Handelskammern (IHK) mit dem Zahlenspiegel sowie Städte und Gemeinden auf Ihren Internetseiten Informationen über die wirtschaftliche Situation, den Arbeitsmarkt, die Bevölkerungsstruktur und die Kaufkraft zur Verfügung.

Ein weiteres Instrument für die Festlegung Ihrer Ziel-Mandantengruppe ist die sogenannte **Sinus-Milieus-Übersicht** (Quelle: *sinus-institut.de*). Es gibt insgesamt 10 Milieus, die sich in Ihrer Lebensauffassung und Lebensweise ähneln, beispielsweise ein „Traditionelles", „Hedonistisches" oder „Liberal-intellektuelles". Wenn Sie zum Beispiel Ärzte als Zielgruppe ausgelobt haben, finden sich diese häufig im Milieu der „Performer" wieder. Diese Gruppe wird u. a. charakterisiert als „Networker" und zeigt eine hohe „Technik-Affinität". Berücksichtigen Sie die gewonnenen Informationen für eine gezielte Ansprache und für die zukünftige Betreuung Ihrer Mandanten.

Ihre Recherche über die relevanten Zielgruppen können Sie über zahlreiche **Branchenanalysen** abrunden. Branchenverbände, Banken oder Fachportale zeigen auf, mit welchen Herausforderungen Ihre Zielgruppe aktuell beschäftigt ist. Ergänzend bietet auch DATEV über die Steuerrechtsdatenbank LEXinform zahlreiche Branchenanalysen und -kennzahlen. Mit Ihren Kenntnissen über die Branche Ihres Mandanten zeigen Sie zudem Kompetenz und Interesse. Gute Voraussetzungen für eine lange und glückliche Mandatsbeziehung.

2.5 Marketing und Vertrieb

2.5.1 Aus guten Gründen – warum Sie sich mit Marketing beschäftigen sollten

Ob wir zum Friseur gehen, Lebensmittel einkaufen oder mal wieder Zeit ist für ein neues Auto: Die Auswahl ist in allen Bereichen riesengroß und wir können beliebig unsere Lieferanten und Dienstleister austauschen. Davon machen sowohl private Konsumenten als auch Unternehmen immer häufiger Gebrauch – Stichwort **gesunkene Kundenloyalität**. Gleiches gilt auch für das Leistungsangebot des Steuerberaters. Die Wechselbereitschaft der Mandanten nimmt seit Jahren zu, womit sich die Chancen für die Gewinnung von Neumandanten deutlich erhöhen. Nur wie finden hier Angebot und Nachfrage zusammen? Wie erfahren Gewerbetreibende, Freiberufler oder Privatpersonen, dass es Sie gibt? Wie machen Sie Ihre Stärken, Ihre Alleinstellungsmerkmale und Ihre Kanzleiphilosophie bekannt? Schon alleine zur Beantwortung dieser Fragen, sollten Sie sich mit Marketing beschäftigen. Marketing ist aber noch viel mehr – und das sollte es auch für Ihr Kanzlei-Startup sein. Quasi eine Denkweise, die den Mandanten in den Fokus der Betrachtung rückt und sich konkret an deren Bedürfnissen ausrichtet. Peter Drucker hat es trefflich umschrieben: „Marketing heißt, das ganze Geschäft mit den Augen des Kunden zu sehen."

Tipp 36

Setzen Sie sich also auf den Stuhl des Mandanten und nutzen Sie diesen Perspektivenwechsel, um Mandanten zu erreichen, zu gewinnen, positiv zu überraschen oder gar zu begeistern. Zum Nutzen Ihres Mandanten – und damit auch zum Nutzen Ihrer Kanzlei.

2.5.2 Was geht – oder wie viel Marketing „darf" es sein?

Und früher war doch nicht alles besser! Denn viele der heute etablierten Kanzleien, hatten es ungleich schwerer, sich und ihre Kanzlei bekannt zu machen und aktives Marketing zu betreiben. Das Steuerberatungsgesetz (StBerG) und die Berufsordnung (BOStB) schoben werblichen Maßnahmen einen eindeutigen Riegel vor. Sogar die Größe des Kanzleischildes war klar geregelt. Und wie sieht es aktuell aus? Kurzum, heute ist **nahezu alles möglich**: Ob Anzeigen, Messestände auf Fachmessen, Sponsoring von Vereinen, Bandenwerbung auf dem Fußballplatz, Handzettelverteilung, gemeinsame Werbeveranstaltungen mit Banken, Einladungsschreiben an Nicht-Mandanten zu Informationsveranstaltungen oder Werbung auf Bussen oder Straßenbahnen. Die **einzige Einschränkung** liefert die Berufsordnung der Steuerberater (BOStB), in der es heißt: „Berufswidrige Werbung liegt insbesondere bei wettbewerbswidriger Werbung vor". Wettbewerbskonform ist Werbung, wenn sie

- nicht gegen das Gesetz gegen den unlauteren Wettbewerb (UWG) verstößt, z. B. belästigende Telefonakquise (§ 9 Abs. 1 BOStB) und
- nicht Notsituationen ausnutzt, z. B. Auswertung von Todesanzeigen und Kontaktierung der Hinterbliebenen mit dem Angebot, die ErbSt-Erklärung zu erstellen (§ 9 Abs. 2 BOStB n. F.).

Alles Dinge, die Sie sowieso nicht tun würden und auch gar nicht zum Selbstverständnis des Berufsstands passen. Oder können Sie sich vorstellen, die Gelben Seiten durchzutelefonieren? Die Glaubwürdigkeit bei dem potentiellen Mandanten wäre höchstwahrscheinlich dahin und das Ergebnis ohnehin mehr als ernüchternd. Ansonsten steht Ihnen als Gründer das vollständige Repertoire des Marketings zur Verfügung. Der sogenannte Marketingmix lässt sich in vier Bestandteile gliedern, auch bekannt als die 4 Ps:

- **Product/Produktpolitik** (u. a. Dienstleistungskatalog, Dienstleistungspakete, Service, Innovationsmanagement)
- **Price/Preispolitik** (u. a. Honorarhöhe, Grund- und Nebenleistungen, Dienstleistungspakete)
- **Promotion/Werbung** (u. a. Corporate-Design, Corporate-Identity, Werbung, Sponsoring, Veranstaltungen, Öffentlichkeitsarbeit, Online-Marketing, persönlicher Verkauf)
- **Place/Ort** (u. a. Standort, Ort der Leistungserbringung, Niederlassung(en), Online-Geschäftsmodelle)

Wie Sie den Marketing-Mix für Ihre Kanzleigründung optimal ausgestalten und welche Instrumente sich am besten in der Praxis bewährt haben, erfahren Sie auf den folgenden Seiten. Darüber hinaus erhalten Sie Hinweise, die Sie bei der Umsetzung unterstützen.

2.5.3 Ihr Dienstleistungsportfolio schwarz auf weiß

Bei der Entwicklung Ihres Geschäftsmodells haben wir bereits intensiv über Ihr zukünftiges Dienstleistungsportfolio gesprochen. Nun gehen wir einen Schritt weiter und erstellen auf Basis unserer bisherigen Überlegungen unseren **Dienstleistungskatalog**. Dieser beinhaltet idealerweise folgende Komponenten:

- Beschreibung der einzelnen Leistungen
- Abgrenzung von Grund- und Zusatzleistungen
- Darstellung des Nutzens Ihrer Dienstleistung
- Zusammenstellung unterschiedlicher Varianten in Form von Dienstleistungspaketen

Falls Sie jetzt zögern und sich fragen, wozu das Ganze und warum soll ich mir die ganze Arbeit machen - hier zwei Argumente, die Sie hoffentlich überzeugen: Zum einen ist Ihr Dienstleistungskatalog und insbesondere die Abgrenzung der Grund- und Zusatzleistungen eine essentielle Grundlage für die Berechnung des Honorars und später auch für Ihr Kanzleicontrolling. Zum anderen sorgen Sie bei Mandanten für Transparenz bezüglich des Leistungsumfangs und greifen somit eventuell entstehenden Honorardiskussionen vor. Unterstützend wirken hier Ihre Dienstleistungspakete, in denen Sie Abstufungen hinsichtlich Leistungs- und Serviceumfang abbilden können (Näheres hierzu in ▸*Kapitel 2.5.5 Price – nicht entscheidend, aber wichtig*).

Tipp 37

Eine Mustervorlage für die Erstellung des Dienstleistungskatalogs finden Sie auf der Webseite der DATEV unter *www.datev.de/dienstleistungskatalog*. Laden Sie diese herunter und passen Sie die Mustervorlage Ihren Bedürfnissen entsprechend an. Im Regelfall werden Sie den Umfang deutlich reduzieren, aber Streichen ist ja bekanntermaßen immer einfacher, als zusätzliche Inhalte zu erzeugen. Sie finden hier übrigens auch Beispiele für Dienstleistungspakete, exemplarisch bezeichnet als Basis, Standard und Premium.

Wie Sie den Dienstleistungskatalog technisch umsetzen, bleibt Ihnen überlassen. Von einer Hochglanzbroschüre, hundertfach gedruckt, würden wir aber abraten. Denn die Affinität zu Papier hat in den vergangenen Jahren deutlich nachgelassen. Setzen Sie den Dienstleistungskatalog gezielt für die jeweilige Leistung in Mandantengesprächen ein. Oder als Download von Ihrer Kanzlei-Webseite, auf die wir gleich noch zu sprechen kommen.

2.5.4 Herzlichen Glückwunsch – Aktiva und Passiva gehen auf

Wenn es um die Charakterisierung und Darstellung der eigenen Leistung nach außen geht, verwenden Steuerberatungskanzleien regelmäßig zwei Begriffe: **Qualität** und **Kompetenz**! Richten wir doch mal den Blick auf den Mandanten und fragen uns: Wie bewertet der Mandant Qualität und Kompetenz? Oder ist er dazu überhaupt in der Lage? Das gebundene Werk zum Jahresabschluss zeigt es deutlich: Mit Ausnahme von ein paar offensichtlichen Sachverhalten wird es dem Mandanten eher schwer fallen, die Qualität und Ihre Kompetenz zu bewerten. Dagegen wird es ihm leicht fallen, beispielsweise die Termintreue, die Freundlichkeit und die Zuverlässigkeit Ihrer Kanzlei einzuschätzen.

Tipp 38

Egal, in welcher Lebensphase sich Ihre Kanzlei befindet: Achten Sie darauf, dass Sie exzellenten Service bieten! Damit Sie Ihre Serviceprozesse optimal gestalten, verweisen wir an dieser Stelle wieder auf unser Zitat vom Kapitelanfang, in dem Peter Drucker rät, das „Geschäft mit den Augen des Mandanten zu betrachten". Stellen Sie sich vor, Sie sind ein potentieller Neumandant. Begeben Sie sich auf eine Kunden-(Mandanten)-Reise, auch Customer Journey genannt, und spielen Sie Schritt für Schritt alle wichtigen Momente und Kontaktpunkte mit Ihrer Kanzlei durch: Sie erhalten eine Empfehlung und verschaffen sich zunächst mal einen ersten Eindruck über die Kanzlei-Webseite. Sie rufen zum ersten Mal in der Kanzlei an, um einen Termin zu vereinbaren. Nach einigen Tagen fahren Sie mit dem Auto zum Erstgespräch in die Kanzlei. Sie werden begrüßt, Ihnen wird ein Kalt- und/oder Warmgetränk angeboten etc., etc., etc....! Überlegen Sie sich, wie es dem Mandanten bei jedem der beschriebenen Schritte geht und wie es sich anfühlt, Mandant Ihrer Kanzlei zu werden. Sie erhalten hierbei jede Menge Hinweise, wie Sie Ihren Service verbessern können. Und selbst wenn Sie hier schon auf einem hohen Niveau sind – es geht immer noch ein bisschen besser!

Ein paar schöne Beispiele für gelebte Servicequalität: Mit der Terminvereinbarung zum Erstgespräch sendet die Kanzlei dem potentiellen Neumandanten eine Anfahrtsbeschreibung mit Hinweis auf Parkmöglichkeiten. Zudem werden die Uhrzeiten genannt, die besonders staureich sind. Vielleicht ahnen Sie schon, dass dies eine Kanzlei in der staureichsten Stadt Deutschlands, nämlich Köln, ist. Oder eine Berliner Kanzlei, die Ihren Mandanten über den Beamer im Besprechungsraum ein „Herzlich willkommen, Herr/Frau ..." sendet. Und zu guter Letzt die Kanzlei, die auf Ihrer Kanzlei-Webseite das Thema Steuerberaterwechsel aufgreift und potentiellen Mandanten gleich zu Anfang Angst und Sorge nimmt.

Harry Beckwith, Autor des Buches "Selling the invisible", bringt die Bedeutung der Servicequalität auf den Punkt: "First before you write an ad, rent a list, dash off a press release – fix your service." Machen Sie Ihre Kanzlei also zur Service-Oase. Ihre Marketingaktivitäten erzielen die gewünschte Wirkung und Ihre Mandanten werden es Ihnen danken!

2.5.5 Price – nicht entscheidend, aber wichtig

Das Wichtigste vorab – die Höhe des Honorars gehört nicht zu den entscheidenden Kriterien in Bezug auf die Wahl des Steuerberaters. Zahlreiche Studien belegen, dass vielmehr die aktive Beratung, der Ruf der Kanzlei, die unverzügliche Auftragserledigung oder auch Termintreue für Mandanten im Vordergrund stehen.

Tipp 39

Vermeiden Sie in der Gründungsphase, Mandanten über einen günstigen Preis zu gewinnen. Sie zementieren damit Ihren Ruf als „Billig-Kanzlei" und entfachen eine Sogwirkung für preisbewusste Mandanten. Getreu dem Motto – einmal billig, immer billig. Das Honorar dann später auf ein normales Niveau anzupassen, ist zudem mühsam. Außerdem zeigt sich, dass Mandanten, die nur wegen eines günstigeren Honorars kommen, auch genauso schnell wieder gehen.

Auf zwei Dinge sollten sie bei Ihrer Preisfindung achten. **Sorgen Sie für Transparenz**: Grundlage für die Preisermittlung ist die Steuerberatervergütungsverordnung (StBVV). Meistens wird das Honorar über 1/10-Sätze und Gegenstandswerte ermittelt. Ergänzt um zusätzliche Honorarpositionen wird die Steuerberaterrechnung für den Mandanten schnell intransparent und unverständlich. Erläutern Sie daher Ihrem Mandanten zumindest einmal die Zusammensetzung der Rechnung. **Und lassen Sie Ihrem Mandanten die Wahl**: Schauen Sie sich exemplarisch die Preispolitik eines Restaurants an. Sie erhalten die Speisekarte, wählen ein Gericht aus, das Ihren Geschmack – auch in Bezug auf Ihren Geldbeutel – trifft. Oder haben Sie schon mal ein argentinisches Rinderfilet für den Preis von 27 Euro geordert und dann während der Bestellung den Preis auf den eines Putensteaks versucht, herunterzuhandeln? Sicherlich nicht. Machen Sie es doch für Ihre angebotenen Leistungen genauso. Erstellen Sie eine Speisekarte und runden Sie Ihr Leistungsspektrum mit verschiedenen Menüs ab.

Erleichtern Sie Ihrem Mandanten die Auswahl der für ihn passenden Leistung - in Bezug auf Umfang und Preis. Übrigens berichten Kanzleien, dass sich Mandanten bei der Auswahl aus drei Paketen (Basis, Standard und Premium) trotz steigendem Preisbewusstsein meist für die mittlere Variante entscheiden. Und *nicht* für die günstigste Alternative! Zusatzleistungen werden somit honorarwirksam und gehen nicht in Gesamtpauschalen unter. Und eines sollten Sie bei Ihrer Preispolitik noch beachten: Ihren Steuerberater-Titel haben Sie nicht im Vorbeigehen, sondern unter größten Entbehrungen und Aufwendungen errungen.

Tipp 40

Sie sollten daher Ihre Leistungen nicht zu Stundensätzen anbieten, die beispielsweise unter denen von Kfz-Werkstätten liegen. Stehen Sie selbstbewusst zu Ihrem Preis!

2.5.6 Der erste Schritt zur Kanzlei-Identität

Sie haben sich zu Anfang Ihres Gründungsvorhabens intensiv mit Ihren Stärken, Alleinstellungsmerkmalen und Ihrer Kanzleiphilosophie auseinandergesetzt und damit die Grundlage Ihrer sogenannten Corporate Identity geschaffen. Jetzt geht es darum, über diverse **Werbemaßnahmen** genau das **nach außen zu transportieren**.

Tipp 41

Dies ist gar nicht so einfach und deswegen empfehlen wir Ihnen an dieser Stelle, sich direkt in professionelle Hände zu begeben – und nicht den Umweg über Eigenversuche oder vermeintliche Experten zu gehen. Beauftragen Sie eine Werbeagentur mit der Erstellung eines Kanzleilogos und legen Sie gemeinsam eine Hausschrift und das Farbkonzept fest. Außerdem sollten Sie einen Claim oder Slogan entwickeln, der Ihr Versprechen gegenüber Ihren Mandanten deutlich macht. All dies hilft Ihnen, Ihre Kanzlei zu einer Marke zu entwickeln und somit das Image und den Bekanntheitsgrad zu fördern.

Wenn Sie diese Schritte bewältigt haben, können Sie Ihre ersten Werbemittel produzieren lassen, wie beispielsweise Visitenkarten, Notizblöcke, Kugelschreiber oder Ihr Kanzleischild. Zudem haben Sie eine wichtige Grundlage geschaffen, um weitere Werbemaßnahmen wie zum Beispiel die Kanzleiwebseite umzusetzen.

2.5.7 Die Qual der Wahl – über die „richtigen" Werbemaßnahmen

Zu viele Möglichkeiten und Alternativen machen das Leben in der Regel nicht einfacher. Kanzleigründer stehen immer wieder vor der Frage, welche Werbemaßnahmen sich am besten für die Mandatsgewinnung eignen. In der bereits in ▸*Kapitel 2.3.2 Über das Wie und Wann der Gründung* erwähnten Befragung mit rund 600 jungen Kanzleien ergab sich folgende „Rangliste" mit Bewertung nach dem Schulnotensystem:

1. Empfehlungen (1,2)
2. Kanzlei-Webseite (2,7)
3. Internetsuchdienste (3,4)
4. Aktive Ansprache von potenziellen Mandanten (3,4)
5. Anzeigen (3,8)
6. Vortragstätigkeiten (4,1)
7. Soziale Netzwerke (4,1)
8. Werbeflyer/Kanzleiprospekt (4,2)
9. Direkt-Mailing an Nicht-Mandanten (5,4)

Wenn die Mandatsgewinnung funktionieren soll, gehören also das **Empfehlungsmarketing** und die **Kanzlei-Webseite** zum Pflichtprogramm. Beides darf hierbei jedoch nicht isoliert betrachtet werden. Denn ist es gelungen, die Bestandsmandate mit hervorragender Leistungs- und Servicequalität zu begeistern und letztlich zu Empfehlern zu entwickeln, ist häufig der erste Kontaktpunkt des potentiellen Neu-Mandanten die Webseite der Kanzlei. Zudem ist auch die aktive Ansprache von potenziellen Mandanten von hoher Relevanz, womit die Bedeutung persönlicher Kontakte und Netzwerke unterstrichen wird.

Insgesamt bestätigt sich jedoch auch der allgemeine Trend hin zu digitalen Medien und weg von papiergebundenen Werbemitteln. Prospekte, Flyer und Werbebriefe landen häufig in Papierkörben oder ruhen auf dem Stapel „Müsste mal gelesen werden". Anzeigen erzielen nur dann eine Wirkung, wenn sie gut gestaltet sind und die Zielgruppe ansprechen. Außerdem müssen sie häufiger geschaltet werden, was dann die Werbekosten nach oben treibt.

Tipp 42

Konzentrieren Sie sich in der Gründungsphase auf das Empfehlungsmarketing und den Einsatz digitaler Medien, wie die Kanzlei-Webseite, Suchdienste, die sozialen, aber auch die persönlichen Netzwerke. Ihren Bekanntheitsgrad fördern Sie zudem mit Fachvorträgen, beispielsweise bei Banken oder anderen Interessensgruppen (z. B. Gewerbevereine, IHK). Bei der Nutzung weiterer Instrumente gilt der Grundsatz „es kommt darauf an“: Auf Ihren Standort, Ihre Zielgruppe, Ihr Budget und Ihre Kreativität! Zahlreiche Ideen und Anregungen für die Umsetzung folgen.

2.5.8 Empfehlungsmarketing I – die entscheidende, und die ultimative Frage

Wie sagte der ehemalige Marketingchef von Apple, Regis McKenna, einst: „Empfehlungen und Mundpropaganda sind die mächtigsten Formen der Kommunikation in der Geschäftswelt.“

In der Dienstleistungsbranche gilt dies umso mehr, denn anders als beispielsweise bei einem Smartphone, gibt es hier nicht die Möglichkeit, sich von der Qualität des Produkts unmittelbar zu überzeugen. Wenn Sie ein neues

Mandat übernehmen, geht das immer mit einem Vertrauensvorschuss einher: Und der ist umso größer, je überzeugender die Empfehlung war.

Klingt alles ganz einfach und plausibel. Aber wie lassen sich nun Empfehlungen generieren? Und wie kann man feststellen, dass das Empfehlungsmarketing für die eigene Kanzlei funktioniert?

Grundlage für ein erfolgreiches Empfehlungsmarketing ist zunächst einmal eine hohe **Mandantenzufriedenheit**. Um zu sehen, wie zufrieden Ihre Mandanten sind, können Sie beispielsweise **Befragungen** über externe Dienstleister durchführen lassen.

Tipp 43

Es gibt aber auch ein ganz einfaches und kostengünstiges Werkzeug: Fragen Sie Ihren Mandanten im persönlichen Gespräch: „Lieber Mandant, wir arbeiten nun seit 3 Monaten zusammen. Wie zufrieden sind Sie mit meiner Kanzlei und unseren Dienstleistungen bisher?“ Als Maßstab können Sie den sogenannten Net Promoter Score mit einer Bewertungsskala von 1-10 hernehmen. Kanzlei-Promotoren vergeben eine 9 oder 10, neutrale Mandanten eine 7 oder 8 und die Kanzlei-Kritiker einen Wert kleiner gleich 6.

Im günstigsten Fall ist der Mandant sehr zufrieden mit Ihren Leistungen. Die Wahrscheinlichkeit, dass er Sie empfiehlt ist hoch – genau wissen Sie es aber nicht. Einfluss darauf nehmen können Sie nur, wenn Sie die ultimative Frage stellen: „Würden Sie mich weiterempfehlen?" Wir bewegen uns dann vom passiven zum aktiven Empfehlungsmarketing – also von der Reaktion zur Aktion!

Und was machen Sie, wenn der Mandant nicht zufrieden ist oder Sie eigentlich eine bessere Bewertung erwartet haben? Auch wenn es mit einer Empfehlung zunächst nichts wird: Sehen Sie es positiv! Sie erhalten wichtige Hinweise über die Erwartungen und die Sichtweise Ihres Mandanten und haben die Möglichkeit, es zukünftig besser zu machen. Fragen Sie, was sich ändern muss, damit die Bewertung beispielsweise von einer 7 zu einer 9 wird.

Tipp 44

Manchmal gehört schon etwas Überwindung dazu, aber trauen Sie sich, die entscheidende und die ultimative Frage zu stellen. Sie legen damit den Grundstein für Ihr Empfehlungsmarketing und damit für eine erfolgreiche Kanzleientwicklung. Zudem erhalten Sie Informationen, wie Ihre Kanzlei noch besser wird!

Tipp 45

Gehen Sie doch mal auf *www.datev.de/empfehlen*. Hier finden Sie zahlreiche Tipps und weiterführende Informationen, mit denen Sie Ihr Empfehlungsmarketing perfektionieren.

2.5.9 Empfehlungsmarketing II –Timing, Organisation und Perfektion

Die Analyse von Kanzleigründungen zeigt: Nach rund zwei Jahren mit einem konstanten Mandantenstamm, kommt es in der Folge zu einem fast schon exponentiellen Mandantenzuwachs. Fragt man junge Kanzleien nach den Gründen, kommt häufig als Antwort, dass nun vor allem das Empfehlungsmarketing greife. Aber ist das wirklich so? Braucht es zwei Jahre herausragende Arbeit für den Mandanten, bis er eine Empfehlung ausspricht? Dem wiedersprechen wissenschaftliche Untersuchungen, die festgestellt haben, dass die **Weiterempfehlungsbereitschaft** in den **ersten sechs Monaten am höchsten** ist. Und das ist auch in der Steuerberaterbranche nachvollziehbar. Am Anfang wirken noch die Gründe für den Beraterwechsel und Ihre Leistungen werden mit denen des Vorberaters verglichen. Doch nach einer gewissen Zeit hat sich der Mandant an die Leistungen Ihrer Kanzlei gewöhnt. Jetzt wird die anfangs noch außergewöhnliche Dienstleistung für den Mandanten zur Normalität. Warten Sie daher nicht zu lange, um die Zufriedenheit Ihres neuen Mandanten zu ermitteln. Und bleiben Sie am Ball – sprich einmal im Jahr, idealerweise in Kombination mit der Bilanzbesprechung sollten Sie die entscheidende Frage stellen.

Ob Ihr Empfehlungsmarketing greift oder nicht, haben Sie am Anfang vielleicht noch im Überblick. Mit zunehmender Dauer und Wachstum an Mandanten, wird Ihnen dieser jedoch verloren gehen.

Tipp 46

Führen Sie deshalb von Anfang an Empfehlerstatistiken und messen, wie viele neue Mandanten Sie über Empfehlungen gewonnen haben. Und natürlich auch, welche Mandanten Sie aktiv weiterempfehlen. Dies erfahren Sie in der Regel beim telefonischen Erstkontakt oder beim Erstgespräch – Sie müssen natürlich auch hier wieder danach fragen. Je früher die Information zur Verfügung steht, desto wertvoller ist sie. Denn Sie haben zum einen die Gelegenheit, sich unmittelbar beim Empfehler zu bedanken. Und außerdem die Chance, einige Informationen über das potenzielle Neumandat zu erhalten. Apropos bedanken: Mit einer kleinen Aufmerksamkeit erhöhen Sie die Bereitschaft, dass der Empfehler weiter für Sie wirbt. In der Praxis reicht das Spektrum von einer guten Flasche Wein bis hin zu – ja Sie lesen richtig – einer Panzerfahrt. Eine Honorarreduzierung für eine Weiterempfehlung sollten Sie vermeiden, da es den Wert Ihrer Leistung schmälert und ggf. Begehrlichkeiten für die Zukunft weckt.

2.5.10 Erster Kontakt Kanzlei-Webseite

Um gleich auf den Punkt zu kommen – Sie brauchen einen Internetauftritt für Ihre neu gegründete Kanzlei! Nicht nur, weil die Internetpräsenz die Nummer 2 auf der Hitliste für die Mandatsgewinnung ist, sondern weil wir alle – und damit auch Ihre Mandanten – immer mehr Zeit im Internet verbringen. Manche Gründer berichten von 70 Prozent der Neumandate, die über diesen Kanal gewonnen werden. Damit Sie ähnlich gute Resultate erzielen, sollte Ihre **Kanzlei-Webseite** einen **professionellen** und **zeitgemäßen** Eindruck machen, gefunden werden, und den Besucher veranlassen, aktiv zu werden (call to action).

Einfache Vorrausetzung, um den ersten Punkt zu gewährleisten, ist, dass Sie sich für die Umsetzung Ihres Internetauftritts – wie schon für Ihre Kanzlei-Identität – in professionelle Hände begeben. Gleich und von Anfang an! Früher oder später werden Sie mit einer „Billigst-Lösung“ nicht glücklich und dann – so beobachten wir es häufig in der Gründungsberatung – kommt Monate später doch die Erkenntnis, eine Agentur mit der Umsetzung zu beauftragen.

Tipp 47

Bezüglich der Gestaltung: **Sparen** Sie an **Text** und arbeiten Sie mit **großformatigen Bildern** und auch **kurzen Videos**. Das Hauptmotiv dabei sind Sie, Ihre Mitarbeiter, Ihre Kanzleiräume. Steuerberatung ist Vertrauenssache und deshalb möchte ein potenzieller Mandant auch sehen, mit wem er es dann zu tun hat. Und machen Sie sich keine Sorgen, wenn Sie meinen, Sie seien nicht fotogen. Ein guter Fotograf bringt Sie gut und authentisch „ins Bild".

Die professionelle Unterstützung bei der Umsetzung stellt zudem sicher, dass Ihre Seite auch gefunden wird und in den Trefferlisten immer weit oben steht. Beispielsweise wenn nach „Steuerberater" und Ihrem Kanzleistandort gesucht wird. Das Ganze funktioniert über das sogenannte **Suchmaschinenmarketing** (Search Engine Marketing – SEM). Ein komplexes Thema, zumal die Algorithmen des Google-Rankings ein wohl gehütetes Geheimnis sind und sich regelmäßig ändern.

Neben der sogenannten organischen Suche, können Sie auch über **Google AdWords bezahlte Anzeigen** schalten. Diese erscheinen dann immer direkt unter der Suchmaske. Damit Sie regelmäßig die Wirkung Ihrer Webseite beobachten können, bieten Agenturen entsprechende **Statistiken** und **Auswertungen** an.

Zu guter Letzt sollte Ihr Ziel sein, dass der potentielle Mandant sich nicht nur informiert, sondern auch aktiv wird. Durch Ausfüllen und Absenden eines Kontaktformulars oder auch die Möglichkeit, direkt von Ihrer Webseite einen Telefonanruf auszuführen. Denn immer häufiger werden mobile Geräte zum „Surfen“ verwendet, was natürlich auch heißt, dass Ihre Seite von allen Endgeräten aus (PC, Tablet, Smartphone) gut bedienbar sein sollte. Denken Sie auch daran, dass es mitunter auch etwas länger dauert, bis ein Mandat zu Stande kommt.

Tipp 48

Hinterlegen Sie doch beispielsweise Checklisten, die sich der Besucher Ihrer Seite herunterladen kann, wenn er Ihnen seine Kontaktdaten zur Verfügung stellt. Diese Adressen können Sie dann für spätere Vermarktungsaktionen (z. B. Einladung zu einer Informationsveranstaltung) verwenden.

Was Sie außerdem noch motivieren sollte, in den Aufbau Ihres Internetauftritts zu investieren: Lediglich die Hälfte der Einzelkanzleien in Deutschland verfügen laut STAX

2012 über einen Internetauftritt. Und so richtig überzeugend sind die wenigsten. Eine professionell erstellte Kanzlei-Webseite ist zwar noch lange kein Alleinstellungsmerkmal. Aber eine hervorragende Chance, um sich positiv abzuheben!

2.5.11 Die Geschichte von den zwei Lagern

Regelmäßig polarisieren Diskussionen rund um die sozialen Netzwerke – die einen hassen sie, die anderen lieben sie. Zwischendurch gibt es scheinbar wenig Raum. Für Sie als Kanzleigründer sollte jedoch nicht entscheidend sein, ob Sie das Thema persönlich mögen oder nicht, sondern ob es Ihnen etwas für den Aufbau Ihrer Kanzlei bringt. Übrigens gehört zur Kategorie der „social network" neben Facebook und XING auch Youtube – immerhin die zweitgrößte Suchmaschine nach Google, über die auch businessrelevante Themen verbreitet werden.

Tipp 49

An Facebook oder XING kommen Sie als Gründer zukünftig nicht vorbei. Beschäftigen Sie sich daher mit Ihrem Kanzlei-Auftritt in den sozialen Netzwerken!

Sie erreichen über dieses Medium viele Menschen– Marketingspezialisten sprechen hier von „Reichweite". Erfahrungen vieler Gründer zeigen, dass es Ihnen beim Aufbau des Bekanntheitsgrades Ihrer Kanzlei hilft und ganz nebenbei auch Mitarbeiter – konkret via Facebook – rekrutiert werden. (▸*Kapitel 2.6.12 Personal – Chance und Risiko – über die Macht der sozialen Medien*). Außerdem berichten Steuerberater zunehmend, dass sie auch Mandanten über dieses Medium gewinnen. Die sozialen Medien haben aber noch einen weiteren Effekt und damit knüpfen wir direkt an ein bekanntes Thema an – nämlich das **Empfehlungsmarketing**! Immer häufiger werden nicht nur Hotels, Restaurants oder Fitnessstudios im Internet bewertet, sondern eben auch Steuerberater. Google-Bewertungen werden übrigens gleich mit in der Trefferliste angezeigt und tragen mit zur Entscheidungsfindung des potentiellen Neumandanten - mit den Alternativen anrufen oder weiterklicken zum nächsten Berater - bei.

Tipp 50

Betreiben Sie auch in den sozialen Medien aktives Empfehlungsmarketing und warten Sie nicht ab, bis ein, aus welchen Gründen auch immer, unzufriedener Mandant schlechte Stimmung im Web verbreitet. Wenn Mandanten mit Ihnen sehr zufrieden sind, bitten Sie um die Abgabe einer positiven Bewertung auf Google, Facebook oder anderen Kanälen wie zum Beispiel Yelp.

2.5.12 Mal was ganz anderes

Schon mal von **Guerilla-Marketing** gehört? Hier geht es darum, mit ungewöhnlichen Maßnahmen einen hohen Effekt zu erzielen. Und dies mit vergleichsweise geringen Kosten. Auch von der Steuerberaterbranche wurde dies vereinzelt aufgegriffen. Beispiele hierfür sind:

- „Tabletten – gegen Kopfzerbrechen bei Steuern", das Päckchen ähnelt normalen Medikamenten, aber mit Pfefferminz.
- Großflächiger QR-Code auf einer Hausfassade, bekannt auch unter „Streetbranding".
- Hubschrauber als Begrüßungsgeschenk für einen neuen Mandanten.

Ja, Sie haben richtig gelesen. Ein Steuerberater schenkt jedem seiner neuen Mandanten zum Beginn der Mandatsbeziehung einen ferngesteuerten Spielzeughubschrauber – Kostenpunkt rund 30 Euro. Selbstverständlich gibt es auch eine kurze Flugeinweisung. Ein so ungewöhnliches Beispiel, über das Mandanten schlichtweg berichten müssen. Was auch getan wurde, denn es häuften sich Anrufe neuer potentieller Mandanten, verknüpft mit dem Hinweis, dass er doch der Steuerberater mit dem Hubschrauber sei. Um es an dieser Stelle aber nochmal zu betonen: Das soll keine Verkaufsförderungsmaßnahme für Hubschrauber werden. Machen Sie sich Gedanken darüber, was zu *Ihnen* passen würde und mit welcher Maßnahme Sie *Ihre* Mandanten überraschen könnten.

2.5.13 Hilfe – Mandant droht mit Auftrag

Ein potentieller Neumandant kündigt sich an – über einen Telefonanruf, eine E-Mail oder gar über Ihre Präsenz auf XING oder Facebook. Meist, so berichten junge Kanzleiinhaber, gelingt die Mandatsgewinnung mit einer Erfolgsquote bei 80 bis nahezu 100 Prozent. Selbst wenn eine Empfehlung zum Auftrag geführt hat, müssen Sie gegenüber Ihrem neuen Mandanten nun erst Mal beweisen, ob das Vertrauen in Sie gerechtfertigt ist und Ihr Leistungsversprechen tatsächlich eingehalten wird. Aber was erwartet Ihr Mandant eigentlich von Ihnen? Warum wechselt er den Steuerberater? Wie können Sie Ihn zukünftig unterstützen? Die Antwort hierauf erhalten Sie mit einem **gut strukturierten Erstgespräch** (siehe *www.datev.de/empfehlen*).

Tipp 51

„Googeln“ Sie doch einfach mal zur Gesprächsvorbereitung Ihren zukünftigen Mandanten, und informieren Sie sich über die Entwicklungen seiner Branche.

Bestätigen Sie den Termin schriftlich, anbei eine Anfahrtsbeschreibung. Erstellen Sie eine Agenda mit den Themenpunkten und teilen Sie mit, welche Unterlagen der Mandant mitbringen soll. Steigen Sie mit Small-talk ins Gespräch ein. Vielleicht haben Sie mittels Ihrer Vorrecherche sogar Gemeinsamkeiten oder Aktivitäten entdeckt, die Ihr Interesse gefunden haben. Klären Sie zu Anfang das Ziel und den zeitlichen Rahmen. Mit zielgerichteten Fragen sammeln Sie alle nötigen Informationen, um am Ende zu wissen wie Sie Ihren Mandanten zufrieden stellen können. Erst dann unterbreiten Sie Ihr Angebot und vereinbaren mit ihm die nächsten Schritte.

Tipp 52

Ihr Redeanteil im Erstgespräch sollte dabei ein Drittel der Gesprächsdauer nicht übersteigen – getreu dem Zitat von Calvin Coolidge: „Zuhören können ist der halbe Erfolg"

2.5.14 Wie geht es jetzt weiter mit uns – über die Pflege der Beziehung

Es hat auf den ersten Blick „gefunkt" zwischen Ihnen und Ihrem neuen Mandanten und der erste Auftrag ist unter Dach und Fach. Der Beginn einer hoffentlich langen Zusammenarbeit, in der Sie nicht nur den erteilten Auftrag zur vollsten Zufriedenheit abwickeln, sondern auch zukünftig mit weiteren Dienstleistungen zum Erfolg Ihres Mandanten beitragen – Stichwort **Cross Selling**. Gelingen wird dies vor allem, wenn Sie eine emotionale Bindung zu Ihrem Mandanten entwickeln. Die entsprechenden Maßnahmen hierfür sind unter dem Begriff **Beziehungsmanagement** subsumiert. Und wie sieht Ihr konkretes Maßnahmenpaket hierzu aus?

Was bei Mandanten sehr gut ankommt, so berichten es Berater immer wieder, ist der **regelmäßige Kontakt**. Auch mal vor Ort beim Mandanten sein und den „Betrieb" besichtigen. Unaufgeforderte Anrufe, ohne konkreten Anlass, einfach nachfragen wie die Geschäfte so laufen. Allerdings ist auch Vorsicht geboten. Denn natürlich haben Sie in der Start-Phase mehr Zeit, um Mandanten intensiver und persönlich zu betreuen. „Chefbehandlung“ wird daher nur temporär möglich sein und irgendwann können Sie sich nicht mehr um jeden Mandanten mit der gleichen Intensität kümmern.

Tipp 53

Deswegen sollten Sie mindestens jährlich Ihren Mandantenstamm analysieren und nach A-, B- und C-Mandanten clustern. Abhängig von der Bedeutung des Mandanten entwickeln Sie für alle Gruppen passgerechte Betreuungskonzepte.

Das Spektrum reicht von regelmäßigen Mandantenrundschreiben, Informationsveranstaltungen zu steuerlichen Themen bis hin zu Strategiemeetings mit einzelnen Mandanten. Aber auch gemeinsame Zeit ohne fachlichen Hintergrund, zum Beispiel „Fußball schauen“ oder ein Lagerfeuer, bei dem die nicht mehr aufbewahrungspflichtigen Belege verbrannt werden, bietet sich an. Und das lockt erfahrungsgemäß mehr Mandanten an, als ein steuerlicher Fachvortrag.

2.5.15 Von regional bis national

Sie haben Ihr Geschäftsmodell entwickelt und Ihre Zielgruppe definiert. Beschäftigen wir uns nun noch mit der Frage Ihres **Standorts** und Ihres **beruflichen Wirkens**. Damit sind wir beim vierten „P" in unserem Marketingmix angelangt – nämlich „Place" oder auch der Vertriebs-/ Distributionspolitik. Den Einstieg zu unseren Überlegungen gibt uns der Gesetzgeber, der uns mit der Bestellung auffordert, eine berufliche Niederlassung (§ 34, Steuerberatungsgesetz) zu begründen. Planen Sie gleich noch einen zweiten Standort zu eröffnen, ist die sogenannte Residenzpflicht zu beachten. Wenn sich die „weitere Beratungsstelle" in einem Umkreis von mehr als 50 km befindet, müssen Sie dort einen weiteren Berufsträger mit der dortigen Leitung beauftragen. Dennoch können Sie von Ihrer beruflichen Niederlassung aus bundesweit Mandanten betreuen.

Sowohl viele etablierte Kanzleien als auch Neugründungen bedienen hauptsächlich (Ziel-)Mandanten aus der eigenen Region. Die Kanzleiräume haben die Funktion eines „Drehkreuzes" – hier werden Belege und Informationen ausgetauscht und die Leistungen für die Mandanten erbracht.

Tipp 54

Achten Sie hier auf eine gute Erreichbarkeit für Ihre Mandanten. Stellen Sie ausreichend Parkplätze vor der Kanzlei zur Verfügung oder verweisen Sie, alternativ bei Innenstadtlagen, auf ein Parkhaus in unmittelbarer Nähe.

Vielleicht möchten Sie sich mit Ihrem Kanzlei-Startup aber außerhalb des „Mainstreams" bewegen. Mit einem **digitalen Geschäftsmodell** beispielsweise können Sie Mandanten über Ihr Einzugsgebiet hinaus bedienen. Gerade wenn Sie sich auf eine bestimmte Zielgruppe fokussieren, die in Ihrer Region keine ausreichende Größe aufweist, haben Sie damit die Chance bundesweit Mandanten zu gewinnen. Die Kommunikation und die Bereitstellung der Leistung erfolgt über elektronische Plattformen (z. B. DATEV Unternehmen online, Skype etc.) und ersetzt somit weitestgehend den „Pendelordnerverkehr". Eine weitere Variante ist, dass Sie die regelmäßigen Leistungen, wie Finanzbuchhaltung sowie Lohn- und Gehaltsabrechnung, **beim Mandanten vor Ort** erbringen. Das spart Ihnen Büroraum und der Mandant hat immer alle Belege und Informationen vor Ort. Ein junger Steuerberater, der dieses Geschäftsmodell anwendet, vertritt die Devise: „Unser Tisch ist nicht in der Kanzlei, sondern beim Mandanten vor Ort."

Entscheiden Sie für sich, welche Art von Geschäftsmodell für Ihr Kanzlei-Startup passt. Daraus können Sie den konkreten Bedarf für Ihre „berufliche Niederlassung" ableiten. Und zur Kanzleieinweihung gibt es eine schöne Feierlichkeit mit Mandanten, Freunden, Bekannten, Verwandten und hoffentlich vielen Neukunden.

2.5.16 Zurück auf Los

Wir haben nun für das Marketingkonzept unserer neuen Kanzlei eine ganze Reihe von Instrumenten kennen gelernt. Nun bewegen wir uns gedanklich wieder zum Ausgangspunkt. Denn für Ihren Businessplan, aber auch für zukünftige Planungen, sollten Sie Ihre **Marketingziele schriftlich fixieren** und damit vor allem auch messbar machen. Mögliche Ziele können beispielsweise sein:

- Gewinnung von X neuen Mandanten, ggf. in einer bestimmten Zielgruppe
- X Kontakte über soziale Netzwerke (z.B. XING, Facebook)
- Gewinnung von X potentiellen Interessenten
- Kontaktaufnahme zu X potentiellen Empfehlern (z.B. Banken, Rechtsanwälte)
- Verbesserung des Suchmaschinenrankings um X Plätze

Tipp 55

Legen Sie ausgehend von Ihren Kanzleizielen, Ihren Dienstleistungen und den entsprechenden Zielgruppen Ihre individuellen Marketingziele schriftlich fest. Und dann werden Sie aktiv, setzen Ihre Maßnahmen um und gewinnen viele neue Mandanten!

2.5.17 Und die weiteren Aussichten

Ihr Start in die Selbständigkeit ist geglückt und Sie befinden sich in der Ausbauphase. Was können Sie marketingtechnisch jetzt noch machen? Eine ganze Menge! Zum Beispiel mit einem Siegel, das die Qualität Ihrer Arbeit untermauert und Sie von anderen abheben lässt. Auch junge Kanzleien lassen sich **zertifizieren**, meist nach dem DStV-Siegel oder nach ISO 9000 – später dazu noch mehr im ▸*Kapitel 2.7.6 Jeder Handgriff sitzt*. Außerdem gibt es regelmäßig **Rankings von Steuerberatern**, durchgeführt von FOCUS Money und jüngst auch vom Handelsblatt. Sie müssen sich hierfür bewerben und erhalten im Regelfall steuerliche Aufgaben zu lösen. Das Ganze kostet sicherlich Zeit, aber wenn es klappt, haben Sie einen tollen Marketingeffekt, den Sie medial gut verwenden können.

Gut für das Image und den Bekanntheitsgrad sind auch Sponsoring-Aktivitäten. Wen und was Sie unterstützen, sollte zum Selbstbild Ihrer Person und Kanzlei passen und die gewünschte Zielgruppe erreichen. Gerade auch unter dem Aspekt der unternehmerischen und gesellschaftlichen Verantwortung, neudeutsch Corporate Social Responsibility, ist ein Engagement in dieser Richtung zu begrüßen – mit Wirkung sowohl bei aktuellen und zukünftigen Mandanten, als auch Mitarbeitern.

2.6 Personal

2.6.1 Fachkräfte – Zur Lage der Nation

Vielleicht wundern Sie sich, dass wir dem Thema Personal ein eigenes Kapitel widmen, denn üblicherweise erfolgt die Darstellung im Businessplan gemeinsam mit der Organisation und den Prozessen im Unternehmen. Schnell wird klar, dass unsere (Arbeits-)Zeit limitiert ist und ein Wachstum an Mandanten und Aufträgen alleine nicht gestemmt werden kann. Die Akquise von hochkarätigen Mandanten und Aufträgen wird schnell zum Bumerang, wenn aufgrund geringer zeitlicher und personeller Kapazitäten beispielsweise Termine nicht eingehalten werden können. Lange Rede, kurzer Sinn: Wir brauchen Personal - qualifiziert und frühzeitig! Und da sind wir direkt beim derzeit größten Problem in der Branche, denn der Fachkräftemangel schlägt natürlich auch mit voller Wucht auf die Steuerberaterbranche durch! Und die Brisanz steigt von Jahr zu Jahr, was sich in Befragungen bestätigt (Quelle: Jährlicher Praxenvergleich des Deutschen Steuerberaterverbands), aber auch in vielen persönlichen Gesprächen mit Kanzleigründern und etablierten Kanzleien. Und wie gehen wir mit dem Thema um?

Zunächst mal gilt es zu konzedieren, dass Bewerber sich in einer überaus guten Position befinden: Früher haben sich Mitarbeiter bei Kanzleien beworben – heute bewerben sich Kanzleien bei Mitarbeitern! Die allgemein hohe Nachfrage nach qualifizierten Kräften und die häufig attraktiven Gehälter von Industrie-/Großunternehmen verstärken die Engpasssituation für den Berufsstand noch. Die gute Ausgangsposition für Bewerber bringt zudem mit sich, dass man seine eigenen Vorstellungen, z. B. zum Thema Arbeitszeit oder Gehalt, nicht immer durchsetzen kann. „Ich wollte eigentlich einen Steuerfachangestellten in Vollzeit einstellen, aber jetzt möchte er nur vier Tage die Woche arbeiten“, so ein Berater. Stellen Sie sich darauf ein, dass auch Sie den einen oder anderen Kompromiss eingehen müssen! Der zitierte Steuerberater hat es auch getan.

Tipp 56

Damit die Mitarbeiterrekrutierung gelingt und Sie im vielzitierten „War for Talents" bestehen, sollten Sie sich zu Beginn mit folgenden Fragen beschäftigen:

- Warum sollte sich ein Mitarbeiter gerade für uns – einer jungen Kanzlei - als Arbeitgeber interessieren?
- Was machen wir anders oder besser als andere?
- Was macht uns einzigartig?
- Was macht uns als Arbeitgeber attraktiv?
- Welche zusätzlichen Konditionen können wir bieten, die andere nicht haben?

Die **Arbeitgeberattraktivität** ist für die Zukunftsfähigkeit der Steuerberaterbranche von größter Bedeutung. Auch die Bundessteuerberaterkammer greift diesen Themenkomplex im Rahmen der Zukunftsstudie „Steuerberatung 2020" auf und empfiehlt Kanzleien bei den sogenannten Mindestanforderungen die „Schaffung attraktiver Arbeitsbedingungen" (Quelle: Steuerberatung 2020, BStBK).

Personal ist somit *der* kritische Erfolgsfaktor für die Kanzleientwicklung. In diesem Kapitel erhalten Sie zahlreiche Impulse und praxisbewährte Strategien, die Sie bei der Mitarbeitergewinnung und Mitarbeiterbindung unterstützen.

2.6.2 Chef sein will gelernt sein

Als Sie in die Steuerberaterbranche eingestiegen sind, war Ihr Tagesablauf dominiert von fachlicher Arbeit. Hier haben Sie sich Ihr Rüstzeug für das Berufsexamen geholt und die Grundlage für Ihre Selbständigkeit geschaffen. Als angehender Kanzleiinhaber werden Sie nun aber ergänzend auf anderen Themengebieten gefordert sein – vor allem auch in der Rolle als Führungskraft! Was gar nicht so einfach ist, denn viele Kanzleigründer berichten rückblickend immer wieder, dass sie das Thema **Personalführung** deutlich unterschätzt haben. Nicht verwunderlich, denn Führung wird in der Regel nicht systematisch gelernt und Führungserfahrung hat man häufig nur bedingt gesammelt.

Der Erfolg Ihrer Kanzlei wird nicht unwesentlich davon abhängen, wie es Ihnen gelingt die neue Rolle als Chef auszufüllen. Impulse und Anregungen hierzu erhalten Sie nachfolgend.

Tipp 57

Das Thema ist jedoch komplex und deshalb empfehlen wir Ihnen, Ihre Führungskompetenzen dauerhaft weiter zu entwickeln. Besuchen Sie doch mal ein Seminar, lesen Sie ein Buch (z. B. von Fredmund Malik oder Reinhard Sprenger) oder lassen Sie sich coachen. Die Zeit ist gut angelegt – für Ihre Mitarbeiter und für Ihren Kanzleierfolg!

2.6.3 Mitarbeiter oder Mandant – was ist eigentlich wichtiger?

Die Formel ist doch eigentlich ganz einfach - ohne Mandant kein Auftrag, ohne Auftrag keine Umsätze, ohne Umsätze kein Gewinn! Insofern ist die Frage auf den ersten Blick ganz klar beantwortet: Der Mandant hat erste Priorität! Schließlich haben wir ja auch in der Ausbildung und während unserer Angestelltentätigkeit die Bedeutung von Marketing und Mandanten-/ Kundenorientierung gelernt und (hoffentlich) auch praktiziert. Seit einigen Jahren jedoch ist, auch geschuldet der Situation rund um den Fachkräftemangel, ein Paradigmenwechsel zu beobachten. Im Marketing wurden die 4Ps (Product, Price, Promotion, Place) ergänzt um ein fünftes P – und das steht für People! Damit zielen die **Marketingaktivitäten von Unternehmen vermehrt auch auf potenzielle Mitarbeiter**. Der österreichische Kanzleiberater Stefan Lami geht sogar noch einen Schritt weiter und sagt: „Mitarbeiterorientierung kommt also vor Mandantenorientierung. Denn durch die Mitarbeiterorientierung schafft die Kanzlei erst die Voraussetzung für eine Mandantenorientierung. Wie können Mitarbeiter dauerhaft Mandanten begeistern, wenn sie nicht von der eigenen Kanzlei und deren Leistungen restlos überzeugt sind?" (Quelle: Spitzenleistungen in der Steuerberatung). Ein schönes Beispiel aus der Praxis hierfür lieferte eine erfolgreiche Steuerberaterin, die einem Mandanten nach zahlreichen Beschimpfungen und Beleidigungen gegenüber einer Mitarbeiterin das Mandat kündigte – zum Schutz der Mitarbeiterin. Der Verlust einer Mitarbeiterin – die viele Mandanten zufrieden stellt – wiegt mehr, als der Verlust eines Mandanten, so die Beraterin.

Tipp 58

Mitarbeiter sollen sich wohl fühlen, Spaß an ihrer Arbeit haben und sich der Loyalität ihres Chef oder ihrer Chefin sicher sein. Getreu dem Motto: Ist der Mitarbeiter zufrieden, wird es der Mandant auch sein!

2.6.4 Die Bedürfnisse von Mitarbeitern

Wie heißt es so schön beim Angeln: Der Köder muss dem Fisch schmecken, nicht dem Angler! Und mit der Arbeitgeberattraktivität ist es nicht anders. Irgendeine Sache, die aus unserer Sicht für potentielle Mitarbeiter ganz toll sein könnte, trifft vielleicht gar nicht die **Erwartungen** und **Bedürfnisse der Mitarbeiter**. Und da sind wir schon beim Thema. Welche Bedürfnisse haben Mitarbeiter eigentlich?

Tipp 59

Starten Sie zur Beantwortung der Frage doch einfach mal einen Rückblick auf Ihre Angestelltenzeit. Was hat Sie besonders motiviert? Wann haben Sie sich besonders gut gefühlt? Warum haben Sie oder Kollegen den Arbeitgeber gewechselt? Was würden Sie im Vergleich zu Ihren bisherigen Chefs auf jeden Fall anders machen?

Die wichtigsten Bedürfnisse von Mitarbeitern – basierend auf Untersuchungen, Studien und eigenen Beobachtungen in der Branche sind:

- Anerkennung der erbrachten Leistung
- Gute und regelmäßige Kommunikation, auch zu den Entwicklungszielen der Kanzlei

- Hohe Flexibilität in Bezug auf Arbeitszeit und Arbeitsort
- Ein positives Kanzleiklima
- Gute Ausstattung des Arbeitsplatzes
- Gute Bezahlung

Und täuschen Sie sich nicht: Meist auch genau in dieser Reihenfolge! In den folgenden Kapiteln vertiefen wir die genannten Punkte und liefern Impulse und Ideen aus der Praxis. So wie die Bedürfnisse unserer Mandanten auch nicht immer gleich sind, gewichten Mitarbeiter abhängig von ihrem Lebensalter, Geschlecht und persönlichen Präferenzen die genannten Punkte unterschiedlich. Reden Sie mit *Ihren* Mitarbeitern, hören Sie gut zu und finden Sie heraus, was Ihren Mitarbeitern wichtig ist!

2.6.5 „Nicht geschimpft, ist auch gelobt" – oder etwa nicht?

Dieses Motto dient leider immer noch vielen Chefs als wichtigste Maxime im Umgang mit ihrem Personal. Und damit verpassen sie nicht nur die große Chance, Mitarbeiter **dauerhaft** zu **motivieren**. Vielmehr tritt häufig das Gegenteil ein, denn warum soll man sich besonders anstrengen, eventuell private Termine absagen, wenn am Ende nicht mal ein kleines „Dankeschön" kommt. Vielleicht haben Sie das auch schon selbst erlebt?

Tipp 60

Werfen Sie die alte Devise „nicht geschimpft ist auch gelobt“ schnell über Bord. **Loben** Sie Ihre Mitarbeiter, wenn es dafür einen Anlass gibt – oder vielleicht auch aus Sicht des Mitarbeiters geben könnte. Nicht inflationär, immer ernst gemeint und aufrichtig! Am besten im persönlichen Gespräch, weil sich andere Kollegen zurückgesetzt fühlen könnten. Die Wirkung ist am größten, wenn Sie Ihr Lob unmittelbar weitergeben und nicht das nächste Mitarbeitergespräch in sechs Monaten abwarten. Ihre Mitarbeiter werden es Ihnen danken!

2.6.6 Kommunikation – der Schmierstoff für den Kanzleimotor

Miteinander reden, Informationen austauschen ist in vielen Disziplinen ein **Erfolgsgarant**. Beim Fußball beispielsweise: Da werden Anweisungen vom Trainer gegeben, der Torwart stellt lautstark seine Mauer und der Kapitän feuert seine Mitspieler an. Mindestens genauso bedeutsam ist die Kommunikation im „Kanzlei-Team“. Das Wissen um Mandanten, aktuelle steuerliche Themen oder auch die Nutzung von IT-Systemen verteilt sich in der Regel auf mehrere Köpfe. Eine **funktionierende Kommunikation** ist daher Wegbereiter für die effiziente Abwicklung von

Aufträgen, für eine hohe Identifikation und Loyalität und erzeugt persönliches Wohlbefinden.

Dass es beim Thema Kommunikation in der Branche noch Luft nach oben gibt, bestätigt eine Studie der Universität Wien (Quelle: Arbeit im Wandel – Arbeitsbedingungen in der Steuerberatung und deren Folgen), in der Mitarbeiter auch nach ihren Zukunftswünschen gefragt wurden. Genannt wurden u. a.

- „Offene, bessere, mehr Kommunikation innerhalb der Kanzlei."
- „Diverse Informationen früher."
- „1-2x jährliche Zusammenkünfte aller Mitarbeiter und Vorgesetzten."
- „Teilweise mehr Informationen von meinen Vorgesetzten."

Kommunikation in der Kanzlei zu steuern, ist vor allem eine **Führungsaufgabe**. Und damit sind Sie als Kanzleiinhaber gefordert, indem Sie zum einen Ihren Mitarbeitern die Kanzleistrategie vorstellen und die sich daraus ableitenden Ziele für die Mitarbeiter erläutern. Sie können natürlich Ihre Mitarbeiter in den Zielfindungsprozess auch aktiv mit einbinden – was sich auch in jungen Kanzleien bereits erfolgreich bewährt hat.

Tipp 61

Organisieren Sie regelmäßige Kanzleibesprechungen oder halten Sie es wie kürzlich ein junger Steuerberater berichtete: Jeden Morgen, zu einer festen Uhrzeit, kommen alle Mitarbeiter der Kanzlei für 10 Minuten zusammen und besprechen, welche Aufgaben und Aufträge am Tag anstehen und welche Hindernisse und Schwierigkeiten es hierbei geben kann. Übrigens ein gängiges Verfahren in der modernen Softwareentwicklung und unter dem Stichwort „Personal Kanban" bekannt.

Außerdem sollten Sie **regelmäßig Mitarbeitergespräche** führen, in denen Sie **Feedback zur Leistung** geben und die **fachliche** wie die **persönliche Weiterentwicklung** besprechen.

Tipp 62

Lernen Sie Ihre Mitarbeiter besser kennen, fragen Sie nach ihren Entwicklungszielen und unterstützen Sie bei der Realisierung. Vielleicht wächst hier sogar ein potentieller Nachfolger oder Partner heran!

2.6.7 Immer up to date

Die hohe Komplexität des Steuerrechts und regelmäßige Gesetzesänderungen führen zu einem hohen Beratungs- und Unterstützungsbedarf bei unseren Mandanten. Das ist gut fürs Geschäft, trägt aber auch dazu bei, dass Sie und Ihre Mitarbeiter fachlich immer auf dem Laufenden sein müssen.

Sie erreichen dies durch eine gute Kommunikation, einen offenen Umgang mit Fehlern und mit einem breiten Aus- und Weiterbildungsangebot. Übrigens tritt die Bundessteuerberaterkammer (BStBK) im Rahmen der bereits erwähnten Zukunftsstudie „Steuerberatung 2020“ für eine „verbesserte Aus- und Fortbildung der Mitarbeiter“ ein. Gemeint sind dabei aber nicht nur die fachlichen Kompetenzen. Vielmehr gilt es, auch die sozialen und persönlichen Kompetenzen weiter zu entwickeln.

Tipp 63

Bieten Sie daher Ihren Mitarbeitern auch die Möglichkeit, Seminare zu Themen wie beispielsweise Kommunikation, Konfliktmanagement, Verkaufen sowie Selbst- und Zeitmanagement zu besuchen.

Alternativ zu **Präsenzseminaren** gibt es ein großes Angebot an **Selbstlernprogrammen** und **Online-Schulungen**. Die elektronischen Medien haben den Vorteil, dass sie jederzeit abrufbar sind und die üblichen Reisezeiten entfallen. Verschaffen Sie sich einen Überblick über das Weiterbildungsangebot der Kammern und Verbände oder auch von DATEV.

Kompetentes und gut ausgebildetes Personal hat aber neben dem Sicherstellen der Beratungsqualität noch einen weiteren Effekt. Bedenken Sie, dass Ihre Mitarbeiter, genauso wie Sie selbst, „Botschafter" Ihrer Kanzlei und somit einen wichtigen Beitrag zur erfolgreichen Weiterentwicklung der Kanzlei leisten. Das Team als Ganzes sollte funktionieren. Genauso wie beim Mannschaftssport!

2.6.8 Heute bleib ich mal daheim – die neue (alte) Flexibilität

Flexible Arbeitszeiten und **mobiles Arbeiten** stehen bei der jungen Generation (Y und Z) hoch im Kurs. Aber nicht nur hier: denn auch Vertreter der „älteren" Generationen freuen sich über zeitliche Freiräume, die es ermöglichen mal zwischendurch Arztbesuche zu tätigen oder einfach die morgendliche Rush-hour zu umgehen. Oder auch, um Berufliches und Privates besser in Einklang zu bringen, wie beispielsweise für junge Eltern oder ambitionierte Hobbysportler.

Und wie sieht es mit der Flexibilität in Steuerberatungskanzleien aus? Im Grunde nicht schlecht, denn viele Kanzleien ermöglichen ihren Mitarbeitern schon seit vielen Jahren das Arbeiten vom Homeoffice aus. Sicherlich auch ein Grund, warum mehrheitlich Frauen in Kanzleien arbeiten, denn in kaum einer anderen Branche lassen sich Beruf und Familie so gut miteinander vereinbaren. Übrigens ein echtes Pfund, mit dem Sie in Zeiten des allgemeinen Fachkräftemangels beim Rekrutieren von Mitarbeitern wuchern können. Mit der Arbeitszeitflexibilisierung Ihrer Mitarbeiter schlagen Sie übrigens die bekannten „zwei Fliegen mit einer Klappe." Sie gehen auf die **zeitlichen Gestaltungsbedürfnisse Ihrer Mitarbeiter** ein und schenken ihnen zusätzlich einen **Vertrauensbonus**. Damit erhält der Mitarbeiter mehr partnerschaftliches Gewicht.

Tipp 64

Damit flexibles Arbeiten, mobil oder von zu Hause, funktioniert, sollte Ihre Kanzlei einen hohen Digitalisierungsgrad haben. Je mehr Prozesse Sie in der Kanzlei digitalisiert haben, desto unabhängiger sind Sie hierbei!

Über Ihr **Dokumentenmanagementsystem** haben Sie jederzeit alle Informationen von Ihrem Mandanten im Zugriff (Handakten, Verträge, Bescheide, Korrespondenz, monatliche Belege der Finanzbuchführung etc.). Weitere Informationen und Auswertungen stehen in den Anwendungsprogrammen (Rechnungswesen, Steuern etc.) zur Verfügung. Nicht nur Ihre Mitarbeiter können die Kanzleidaten per Remoteanbindung einsehen. Auch Sie als Kanzleiinhaber haben bei einer wichtigen Frage eines Mandanten von unterwegs Zugriff und sind in kürzester Zeit auskunftsfähig. Fast noch wichtiger als der Grad der Digitalisierung ist jedoch, dass Sie Ihren Mitarbeitern Vertrauen entgegenbringen. Und nicht die Homeoffice-Zeit mit „in der Sonne liegen" und „Latte macchiato trinken" assoziieren. Das Gegenteil von alldem ist nämlich der Fall, denn erwiesenermaßen arbeiten „Heimarbeiter" mehr und sind zudem produktiver!

2.6.9 Money, money, money!

Über Geld redet man gemeinhin nicht gerne. Und genau deswegen tun wir es an dieser Stelle! Denn allen Studien und Untersuchungen über die junge Generation (Y, Z) zum Trotz: Es ist nicht immer nur das Sinnstiftende, die Selbstverwirklichung oder die Flexibilität bezüglich Arbeitszeit und Arbeitsort, was zählt. Eine **„gute Bezahlung"** spielt für junge Menschen neben der „Sicherheit des Arbeitsplatzes" die wichtigste Rolle bei der Berufswahl, so eine FORSA-Befragung, durchgeführt im Auftrag der Bundessteuerberaterkammer (BStBK) (Quelle: forsa-Umfrage im Auftrag der BStBK, *www.mehr-als-du-denkst.de/kampagne*).

Immer wieder berichten etablierte Kanzleien, dass sie Mitarbeiter an Industrieunternehmen verlieren. Was auch damit zusammenhängt, dass das Gehaltsniveau im Vergleich zu anderen Branchen niedriger ist und die Gehaltssprünge bei einem Wechsel doch so signifikant sind, dass manche Kanzleimitarbeiter der Verlockung eines Wechsels erliegen. Und wie gehen wir nun mit dieser Situation um?

Auf alle Fälle offensiv – und machen Sie sich bewusst, dass es immer irgendeinen anderen Arbeitgeber gibt, der beim Gehalt nochmal eins drauflegt.

Tipp 65

Arbeiten Sie vor allem, wie schon mehrfach in diesem Kapitel erwähnt, an Ihrer Attraktivität als Arbeitgeber.

Tipp 66

Nutzen Sie ergänzend Möglichkeiten zur Verbesserung der Ertragssituation in Ihrer Kanzlei. In der Praxis fällt immer wieder auf, dass viele Steuerberater sich und ihre Mitarbeiter einfach zu günstig verkaufen und die Leistungen der Kanzlei nicht konsequent abrechnen (▸*Kapitel 2.5 Marketing und Vertrieb*). Ihre Deckungsbeiträge erhöhen Sie aber auch, indem Sie regelmäßig Ihre Prozesse und Abläufe optimieren (▸*Kapitel 2.7 Organisation und Prozesse*).

Sie gewinnen so mehr Spielraum für eine positive Gehaltsgestaltung und Gehaltsentwicklung Ihrer Mitarbeiter. Und wenn das „Gesamtpaket" stimmt, werden Ihnen die Mitarbeiter auch treu bleiben.

2.6.10 „Da bin ich daheim"

Die gleichnamige Kampagne des Bayerischen Rundfunks, in der Bewohner Bayerns in kurzen Worten sich und ihren Beruf vorstellen, steht sinnbildlich für Heimat, Zugehörigkeit und Wohlgefühl. Und deckt sich mit den „sozialen Bedürfnissen" aus der Maslowischen Bedürfnispyramide. Entscheidende Frage für uns: Wie schaffen wir es, dass sich unsere Mitarbeiter wohl fühlen und täglich gerne in die Kanzlei kommen?

Wie bereits erwähnt, ist Mitarbeitern zunächst mal eine **„gute Ausstattung des Arbeitsplatzes“** wichtig. Hierzu zählen ergonomische Büromöbel, gute EDV-Ausstattung, adäquate Beleuchtung und gute klimatische Verhältnisse. Den Wohlfühlfaktor können Sie aber auch erhöhen, wenn Sie sich um das leibliche Wohl Gedanken machen. Frisches Obst, eine gute Kaffeemaschine und vielleicht auch eine kleine Küche mit einem Pausenraum. Im Repertoire der Annehmlichkeiten finden sich zudem Massagen oder gar ein Bügelservice, der die Mitarbeiterinnen von der ungeliebten Arbeit entlastet.

Tipp 67

Im Zweifelsfall fragen Sie doch einfach mal Ihre Mitarbeiter: denn die Möglichkeit sein Arbeitsumfeld selbst mit zu gestalten wirkt zusätzlich motivierend.

Und dann war da noch der Wunsch der Mitarbeiter, nach einem „positiven Kanzleiklima“. Einen guten Schritt weiter sind Sie hier bereits, wenn die Kommunikation in der Kanzlei funktioniert (siehe auch unsere Empfehlungen aus dem ▸*Kapitel 2.6.6 Kommunikation – der Schmierstoff für den Kanzleimotor*). Zudem können Sie mit gezielten Maßnahmen die Zusammenarbeit stärken – Stichwort **Team-**

building. Das Spektrum reicht hier vom regelmäßigen gemeinsamen Frühstück bis zu Betriebsausflügen. Oder Sie gehen eine Stufe weiter und planen gleich ein Teamevent – bestehend aus einem Arbeitsteil (z. B. Kanzleistrategie für das kommende Jahr) und einem „Vergnügungsteil" (z. B. Wandern, Klettern, Kochen). Fakt ist, dass die Wirkung solcher Events massiv ist. Mitarbeiter berichten noch viele Jahre später von ihren Erlebnissen – und diese bleiben mehr haften, als jede Gehaltserhöhung!

2.6.11 Tue Gutes und sprich darüber

Geschafft. Sie sind ein hervorragender Arbeitgeber, Ihre Mitarbeiter sind glücklich und zufrieden und leisten Ihnen den ewigen Treueschwur! Jetzt wäre es natürlich ideal, wenn der Rest der Welt davon auch erfahren würde. Wir sind also wieder mittendrin im Marketing und zugleich im digitalen Zeitalter. Ein absolutes Muss ist daher, die Kanzlei-Webseite um einen sogenannten **„Karriere-Bereich"** anzureichern. Hier können Sie mitteilen, was Sie als Arbeitgeber ausmacht. Sie können aber auch Ihre Mitarbeiter zu Wort kommen lassen. Am meisten beeindruckt natürlich die Umsetzung in Form eines Videos. Mittlerweile nutzen immer mehr Kanzleien Facebook für ihr Arbeitgebermarketing. Fotos von Betriebsausflügen, gemeinsamen Aktivitäten wie die Teilnahme an einem Firmenlauf oder einer Jahresauftaktveranstaltung. Das Ganze macht die „Kanzlei offen, lebendig und menschlich", so die Motivation eines Steuerberaters.

Ihre Qualität als Arbeitgeber können Sie mit Blick auf Ihre weitere Kanzleiexpansion aber auch mit verschiedenen Gütesiegeln dokumentieren. Bereits 6 Bewertungen (mit mindestens 3 Punkten) auf dem Arbeitgeberbewertungsportal Kununu (hierzu gleich mehr im Folgekapitel) reichen aus, um mit dem Top-Company Logo zu werben. Weitere Siegel – allerdings kostenpflichtig – sind u. a. von der Bertelsmann-Stiftung der „Familienfreundliche Betrieb“ und „Great place to work“. Einen positiven Eindruck bei potentiellen Mitarbeitern hinterlassen Sie aber auch mit Qualitätssiegeln, mit denen Sie Ihre Beratungs- und Prozessqualität dokumentieren (u. a. ISO 9000, DStV-Siegel, TOP Steuerberater FOCUS Money).

2.6.12 Chance und Risiko – über die Macht der sozialen Medien

Jetzt schon wieder Social Media! Nachdem wir im ▸*Kapitel 2.5 Marketing und Vertrieb* bereits über die Notwendigkeit einer **Präsenz in den sozialen Medien** in Verbindung mit der Mandatsgewinnung gesprochen haben, kommt hier noch ein weiterer Grund dazu, sich und die Kanzlei auf XING und vor allem Facebook zu präsentieren: Die **Mitarbeitergewinnung**!

Um es gleich mal an einem Beispiel plastisch zu machen: Ein Steuerberater schaltet mehrere Wochen hintereinander Stellenanzeigen in der Tageszeitung. Nachdem keine einzige Bewerbung eingeht, fotografiert er die Stellenanzeige über sein Handy und postet sie auf Facebook. Ergebnis: Innerhalb weniger Tage gehen hierauf die ersten Bewerbungen ein und die vakante Stelle kann kurzfristig besetzt werden. Dass Mitarbeitergewinnung über Facebook funktioniert, ist übrigens kein Einzelfall – und deshalb sollten Sie diesen Kanal auf alle Fälle nutzen!

Jobsuchende nutzen jedoch nicht nur die sozialen Netzwerke wie Facebook, sondern durchforsten vor dem Absenden einer Bewerbung regelmäßig das Internet mit dem Ziel, einen ersten Eindruck von den möglichen Arbeitgebern zu bekommen. Fündig wird man auf der Kanzlei-Webseite oder auf Arbeitgeberbewertungsportalen. Das Bedeutendste ist derzeit Kununu. Natürlich können Sie, wie im vorigen Kapitel gezeigt, mit guten Bewertungen Ihre Qualitäten als Arbeitgeber dokumentieren. Aber es besteht natürlich auch das Risiko, eine schlechte Bewertung zu erhalten. Und während früher ein unzufriedener Mitarbeiter seine Erfahrung an vielleicht 10 Personen seines Umfelds weitergab, erreicht man heute gleich mehrere Hundert. Betrachten Sie sich doch mal ein paar Bewertungen von Mandanten, Mitbewerbern und Ihrer eigenen Kanzlei. Übrigens sieht man auch, wie häufig eine Bewertung gelesen wurde. Sie werden überrascht sein!

Tipp 68

Nutzen Sie die sozialen Netzwerke für Ihr Kanzleimarketing und die Gewinnung von Mandanten und Mitarbeitern! Wenn Sie jedoch keinen aktiven Part spielen wollen, dann sollten Sie zumindest regelmäßig beobachten, was im Internet und in den sozialen Netzwerken über Sie und Ihre Kanzlei berichtet wird. Und dann vielleicht nochmal über unsere Empfehlung nachdenken.

2.6.13 Junge Leute braucht das Land

Steuerberatung ist in den Augen vieler junger Menschen – und leider auch in den Augen ihrer Eltern – langweilig, öde und staubtrocken. Ein Vorurteil, denn häufig hat die Generation Y und Z gar keine Vorstellungen über Inhalt und Umfang der Tätigkeit in einer Steuerberatungskanzlei, was sich in der bereits erwähnten FORSA-Befragung, durchgeführt im Auftrag der Bundessteuerberaterkammer (BStBK) (Quelle: forsa-Umfrage im Auftrag der BStBK, *www.mehr-als-du-denkst.de/kampagne*) bestätigt. Der demographische Wandel macht auch vor der Steuerberaterbranche nicht halt und schon alleine deshalb ist es wichtig, junge Menschen – wie es mal ein Berater sagte – für den Beruf zu „entflammen“. Und wie gelingt das Ganze?

Zum einen hilft hier die Bundessteuerberaterkammer mit der Kampagne „Mehr-als-Du-denkst", bestehend aus Unterstützungsmaterialien wie Poster, Flyer und einem Imagefilm zum Steuerfachangestellten. Die DATEV bietet ebenfalls einen Imagefilm zum Berufsbild Steuerberater an, der im Rahmen der Kampagne „Rock-Deine-Zukunft" erschienen ist. Gemeinsam haben beide Institutionen zudem ein Paket erarbeitet, das mit zahlreichen Übungen und entsprechenden Musterbeständen Praktikanten einen guten Einstieg in die Steuerberater-Welt gibt.

Tipp 69

Jetzt fehlt nur noch eins: Sie müssen für Ihre Mitarbeitersuche aktiv werden! Nehmen Sie Kontakt zu Schulen auf und bieten Sie Schülern die Möglichkeit eines Praktikums an. Manchmal sind Schulen auch an Fachvorträgen aus der Praxis interessiert.

Dass die Mühe sich lohnt, wird immer wieder von Kanzleien bestätigt. Ausbildungsverhältnissen geht häufig ein Praktikum voraus und wie sagte ein Berater mal treffend: „Den Fachkräftemangel lösen wir, indem wir unseren eigenen Nachwuchs züchten". Bedenken Sie aber auch, dass viele Abiturienten einen akademischen Abschluss anstreben und Sie im Zweifelsfall einen jungen, gut ausgebildeten Mitarbeiter wieder verlieren.

Tipp 70

Erkundigen Sie sich doch bei Ihrer Kammer, ob es in Ihrer Region auch die Möglichkeit gibt, einen Bachelor- oder Masterabschluss berufsbegleitend zu erlangen. Eine Alternative, von der Sie und Ihre jungen Mitarbeiter profitieren.

Ob Sie sich und Ihre Kanzlei auch bei Ausbildungsmessen vorstellen, sollten Sie im Einzelfall abwägen. Die Gefahr, dass Sie als kleiner mittelständischer Anbieter im gleichen Raum mit Großkonzernen, die mit immensen Marketingbudgets ausgestattet sind, untergehen, ist doch relativ groß.

2.6.14 Schon mal darüber nachgedacht

Not macht bekanntermaßen erfinderisch. Und weil der Markt nicht unbedingt von Steuerfachangestellten überschwemmt ist, lohnt es sich in Alternativen zu denken. Zumal sich die Steuerberatungsbranche, vor allem auch aufgrund der Digitalisierung, ohnehin im Wandel befindet.

Tipp 71

Mit Mitarbeitern aus anderen kaufmännischen Bereichen können Sie Ihren Mandanten neue Dienstleistungen anbieten, beispielsweise im Bereich der rechnungswesennahen Beratung, wie Controlling und Forderungsmanagement.

Tipp 72

Stellen Sie IT-Spezialisten ein und unterstützen Sie Ihre Mandanten bei der Umsetzung der digitalen Belegbearbeitung und dem digitalen Belegaustausch.

Tipp 73

Sie können Organisations- und Führungsaufgaben auf einen „berufsfremden" Kanzlei-Manager delegieren und gewinnen so mehr Freiräume für Beratungstätigkeiten.

Alles übrigens Beispiele aus der Praxis, mit denen auch Sie die Schlagkraft Ihrer Kanzlei erhöhen können.

Denken Sie also einfach über den Tellerrand hinaus. Sicherlich haben Sie in Verbindung mit Ihrem Geschäftsmodell noch weitere Ideen!

2.7 Organisation und Prozesse

2.7.1 Skalierbarkeit – Das Zauberwort bei Start-ups

Gründung ist in, auch in Deutschland! Erfolgreiche Fernsehformate wie „Die Höhle der Löwen“ zeigen junge Unternehmer beim „pitchen“ um ihre Geschäftsidee und um die Gunst der Investoren. Wichtigstes Entscheidungskriterium für ein Investment ist regelmäßig die sogenannte „Skalierbarkeit“. Soll heißen, dass die Organisation und Struktur des Unternehmens in der Lage sein muss, exponentielles Wachstum zu bewältigen. Nun könnte man vermuten, dass bei einer Kanzleigründung alles sehr viel linearer und konstanter abläuft. Aber weit gefehlt! Neugründungen starten im Regelfall mit einem kleinen Mandantenstamm, der in der Anfangsphase konstant bleibt. Aber nach rund zwei Jahren – so bestätigen es Befragungen bei Kanzleigründern – kommt es doch zu einem deutlichen Mandantenwachstum. Damit die Skalierbarkeit auch für Ihr Kanzlei-Start-up gelingt, beschreiben Sie in diesem Kapitel die Aufbau- und Ablauforganisation. Ein besonderes Augenmerk richten Sie dabei auf die Prozesse zur Erbringung Ihrer Leistungen für den Mandanten. Aber auch Ihre Kanzleiorganisationsprozesse sollten nicht unbeachtet bleiben.

Tipp 74

„Die Prozesse sollten von Anfang an so gestaltet sein, wie wenn die Kanzlei bereits 100 Mandanten hätte." Dieses Zitat eines erfolgreichen Kanzleigründers ist die Grundlage für die „Skalierbarkeit" unserer Steuerberatungskanzlei. Es muss sichergestellt werden, dass das Mandantenwachstum nicht die Qualität, Termintreue und Erreichbarkeit beeinträchtigen. Und dass wir uns nicht nur mit der Beratung unserer Mandanten beschäftigen, sondern den Blick auch auf die Kennzahlen unserer Kanzlei richten.

2.7.2 Nicht zu unterschätzen

Vielleicht sind Sie beim Wort „Aufbauorganisation" schon einmal kurz zusammengezuckt und fragen sich, was das mit Ihnen zu tun hat. Denn wo zwei oder im besten Fall vier Hände anfangs wirken, ist man mit der Erstellung des Organigramms schnell fertig. Bedenken Sie aber, dass auch wenn Sie am Anfang keine oder nur wenige Mitarbeiter beschäftigen, die klassischen Funktionen eines Unternehmens, wie Marketing, Personal, Vertrieb, oder IT, auch in Ihrer neugründeten Kanzlei inhaltlich abgedeckt werden müssen. Nur tun Sie dies in der Gründungsphase nicht mit eigenem Personal, sondern mit externen Partnern. Überlegen Sie sich doch mal, wie viele Dienstleister und Kooperationspartner in Ihre Organisation eingebunden sind. Im Zweifelsfall beschäftigen Sie nicht nur eine Person, sondern eventuell zehn oder gar zwanzig.

Was die Wahl der Rechtsform angeht, haben Sie es am Anfang recht einfach. In der Regel starten Sie Ihre „auf der grünen Wiese" gegründete Kanzlei als Einzelkanzlei. Damit sind Sie in bester Gesellschaft, denn mit rund 70 Prozent ist sie die bedeutendste Berufsausübungsform in Deutschland.

Tipp 75

Perspektivisch sollten Sie eine Rechtsform mit Haftungsbeschränkung anstreben. Mögliche Varianten sind die Gesellschaft mit beschränkter Haftung (GmbH) oder, wenn Sie sich mit anderen Berufsträgern zusammenschließen, die Partnerschaftsgesellschaft mit beschränkter Berufshaftung (PartG mbB). Informieren Sie sich über branchenbezogene Fachliteratur und Fachaufsätze über die aktuelle Rechtsprechung. Im Zweifelsfall gilt aber auch hier der Grundsatz: Lassen Sie sich beraten!

2.7.3 Nichts geht mehr, ohne IT

Die Bedeutung bestimmter Dinge wird einem erst richtig bewusst, wenn sie einmal nicht zur Verfügung stehen. Wenn beispielsweise die EDV-Systeme in der Kanzlei aufgrund eines Updates oder gar technischer Probleme ausfallen, ist man heutzutage fast nicht arbeitsfähig. Aber bei aller Abhängigkeit; ohne IT will und kann man sich den Kanzleialltag nicht mehr vorstellen. Noch mehr ist sie neben unserem Fachwissen zu einem **wichtigen Produktions- und Erfolgsfaktor** geworden. Die Bundesteuerberaterkammer unterstreicht die Bedeutung der IT ebenfalls und sieht hier die **Chance der „Entlastung von Routinetätigkeiten und automatisierten Abwicklung von Dienstleistungsprozessen“** (Quelle Sieben Thesen, 7. Technologieeinsatz – Prozessoptimierung in der Beratung).

Ihre Aufgabe als Kanzleiinhaber ist es, für einen **konsequenten** und **möglichst effizienten IT-Einsatz** zu sorgen und die erforderlichen Rahmenbedingungen zu schaffen. Dazu gehört ein regelmäßiger Austausch unter Mitarbeitern nicht nur zum aktuellen Steuerrecht, sondern eben auch zu IT- und Softwarethemen.

Tipp 76

Beim Aufbau der Kanzleimannschaft ist es durchaus auch hilfreich, Mitarbeiter mit einer gewissen IT-Affinität in den eigenen Reihen zu haben. Die können nämlich auch einen wesentlichen Beitrag bei unserem nächsten Thema leisten – nämlich der Transformation in die digitale Welt!

2.7.4 Analog war (vor)gestern – die Kanzlei der Zukunft ist digital

Die Digitalisierung ist in aller Munde. Sie füllt Zeitungen, spielt die Hauptrolle auf großen IT-Messen und die Politik sieht hierin *den* Hoffnungsträger für wirtschaftliche Stabilität und Wachstum. Genauer betrachtet ist die Digitalisierung in der Steuerberatungsbranche jedoch mehr Evolution als Revolution, mit dem Ziel papiergebundene Informationen elektronisch zu verarbeiten. Bestes Beispiel ist die Finanzbuchhaltung. Bereits seit rund 15 Jahren nutzen Kanzleien die Möglichkeit, Bankbelege nicht mehr händisch zu buchen, sondern elektronisch zu verarbeiten. Mandanten mit einem umfassenden Rechnungsausgang, stellen ihre Informationen über eine Schnittstelle zur Verfügung und ersparen das manuelle Abtippen hunderter Rechnungen. Oder Belege werden vom Mandanten eingescannt und landen dann, versehen mit Buchungsvorschlägen, in der Finanzbuchhaltungssoftware des Steuerberaters – umsetzbar beispielsweise mit DATEV Unternehmen online. Gerade das Rechnungswesen von mittelständischen Unternehmen liefert noch weitere Potenziale in punkto Digitalisierung. Die elektronische Rechnung sowie die Archivierung von Belegen, seit vielen Jahren in Großunternehmen etabliert, lassen sich mit neuen Standards wie dem ZUGFeRD-Format und dem „Ersetzenden Scannen" mit Unterstützung des Steuerberaters bei Mandanten umsetzen. Auch die Finanzverwaltung ist Treiber der Digitalisierung und fordert die elektronische Einreichung von Steuererklärungen und Bilanzen. Im Gegenzug werden die geprüften Steuererklärungen in Form des Bescheids elektronisch Steuerberatern zur Verfügung gestellt und ermöglichen so einen automatisierten Abgleich mit den Erklärungsdaten.

Tipp 77

Für Ihre Kanzleigründung und die zukünftige Weiterentwicklung gilt daher: Setzen Sie von Anfang an konsequent auf eine digitale Arbeitsweise. Innerhalb der Kanzlei, vor allem aber auch in der Zusammenarbeit mit Ihren Mandanten!

2.7.5 Unsere Traum-IT

Damit die Digitalisierung gelingt und die Informationstechnik ihren Beitrag zum Kanzleierfolg ausspielen kann, brauchen Sie eine **passende IT-Infrastruktur** mit entsprechender Hard- und Software. Zur Klärung der Frage, was genau für Sie passt, holen Sie sich am besten professionelle Unterstützung. Was auf jeden Fall auf Ihrem Wunschzettel stehen sollte, ist die Möglichkeit von unterwegs oder vom Homeoffice aus auf die Kanzleiprogramme und -daten zuzugreifen. Zum ergonomischen Arbeiten mit digitalen Belegen ist ein zweiter Bildschirm empfehlenswert. Aufgrund der wachsenden Nutzung mobiler Endgräte (Smartphone, Tablet), sollte eine Anbindung an die Kanzleisysteme ebenfalls möglich sein.

Damit der „Kanzleibetrieb“ funktioniert, ist eine **hohe Aktualität** und **Verfügbarkeit** erforderlich. Vor allem muss auch die **Sicherheit Ihrer Daten** gewährt sein. Kein triviales Thema, für das Expertenwissen benötigt wird. Ohnehin ist es mit der Erstanschaffung nicht getan, sondern auch der laufende Betrieb der Kanzlei muss sichergestellt sein.

Tipp 78

Übergeben Sie daher die Wartung und Pflege der IT an einen Spezialisten. Und opfern Sie nicht Ihr Wochenende, nur weil mal wieder Updates aufgrund steuerlicher Änderungen installiert werden müssen!

2.7.6 Jeder Handgriff sitzt

Es ist schon beeindruckend, wenn man mal in einer der zahlreichen Kochsendungen im Fernsehen den Meistern bei der Zubereitung von so mancher Leckerei zuschaut. Mit Routine werden die einzelnen Arbeitsschritte ausgeführt, Zwiebeln in Höchstgeschwindigkeit geschnitten und am Ende kommt alles noch optisch ansprechend auf den Teller. Als Steuerberater produzieren Sie zwar keine Gerichte oder Menüs, aber gewisse Parallelen sind dennoch gegeben. Auch in Ihrer Kanzlei wiederholen sich bestimmte Tätigkeiten regelmäßig. Es werden Mandanten angenommen, Leistungen erbracht, Leistungen erfasst und Aufträge abgerechnet. Und das Ganze erfolgt unter einem gewissen Termindruck – denn Ihr Mandant möchte sinnbildlich gesprochen, kein kaltes Gericht serviert haben.

Ihr Rezept für eine effiziente und termingerechte Abwicklung der Aufträge ist Ihr **Prozess- oder Qualitätsmanagement-Handbuch**. Hierin beschreiben Sie im Detail alle anfallenden Tätigkeiten in der Kanzlei.

Tipp 79

Die Umsetzung sollte gleich zu Beginn Ihrer Selbständigkeit erfolgen, auch wenn Sie zunächst nur als Einzelkämpfer an den Start gehen. Erfolgreiche Kanzleigründer berichten, dass der Zeitaufwand für die Prozessdokumentation nicht zu unterschätzen ist und deshalb gerade die Startphase, in der uns Mandanten noch nicht so stark auslasten, sich besonders für die Umsetzung anbietet.

Inhaltliche Unterstützung erhalten Sie über das Qualitätsmanagement-Handbuch für Steuerberater (Quelle: Handbuch Qualitätssicherung und Qualitätsmanagement in der Steuerberatung , DATEV/DStV), das gemeinsam vom Deutschen Steuerberaterverband (DStV) und der DATEV erstellt wurde. Hier stehen Ihnen Musterprozesse und Checklisten für alle anfallenden Tätigkeiten in der Kanzlei zur Verfügung. Diese sind in dem DATEV-Programm ProCheck eingearbeitet. Neben der Funktion als elektronisches Prozess- und QM-Handbuch können Sie auch die Arbeitsfortschritte auftragsbezogen verwalten, so dass Sie jederzeit die Bearbeitungsstände überprüfen können.

Und wie sieht es mit einer **Zertifizierung** aus? Sollte man sich darüber bereits bei der Gründung Gedanken machen?

Natürlich ist eine Zertifizierung kein unbedingtes Muss, aber dennoch hilfreich. Vor allem weil viele Einzelkanzleien heute noch nicht zertifiziert sind und man sich von seinen Mitbewerbern abheben kann – mit entsprechender Wirkung bei Bestandsmandanten, potentiellen Neumandanten und auch Mitarbeitern. Außerdem sichern ein QM-System und die damit einhergehenden regelmäßigen Audits, dass Sie kontinuierlich an der Verbesserung der Abläufe arbeiten, was sich wiederum positiv auf die Produktivität und die Mandantenzufriedenheit auswirkt. Zudem gelingt die Einarbeitung neuer Mitarbeiter leichter und erfahrungsgemäß gewinnen Sie als Kanzleiinhaber wichtige Freiräume – beispielsweise für die Mandatsbetreuung, die Akquise oder die Entwicklung neuer Beratungsangebote!

2.7.7 Mandant spielt mit

Steuerberatungskanzleien erzielen häufig einen Großteil ihres Umsatzes mit den sogenannten Vorbehaltsaufgaben – also der monatlichen Erstellung der Finanzbuchführung, der Lohn- und Gehaltsabrechnung sowie der Fertigung des Jahresabschlusses und der Steuererklärungen. Die effiziente und termingerechte Abwicklung der Aufträge gelingt jedoch nur dann, wenn die Zusammenarbeit mit dem Mandanten funktioniert. Denn was helfen uns die tollsten Prozessbeschreibungen, Checklisten und leistungsfähige Software, wenn der Mandant Belege und Informationen unvollständig, verspätet und dann noch analog liefert.

Tipp 80

Legen Sie daher eindeutige **Regeln für die Zusammenarbeit** fest. Am besten natürlich auf Basis eines schriftlichen Vertrags, in dem die Mitwirkung des Mandanten geregelt ist. Beispielsweise in welcher Form – am besten natürlich digital – und bis wann die Belege zur Verfügung gestellt werden.

Wenn der Mandant also mitspielt, steigern Sie die Effizienz um ein Vielfaches. Gleiches gilt natürlich auch für andere abrechnungsorientierte Aufträge. Für die Erstellung der Lohn- und Gehaltsabrechnung können Personalstamm- und Bewegungsdaten über DATEV Unternehmen online vom Mandanten selbst erfasst werden. Auch für die Bereitstellung von Auswertungen für Mandanten und deren Mitarbeiter gibt es diverse digitale Lösungsangebote. Informieren Sie sich regelmäßig über das, was technisch alles geht und dann legen Sie die „Spielregeln" fest. Ein Spiel, bei dem am Ende Sie, und Ihr Mandant gewinnen.

2.7.8 Von Anfang an richtig gemacht

Zugegeben, am Anfang der Gründung kommen eine Menge Aufgaben auf Sie zu. Erste Priorität hat häufig alles, was mit der Leistungserbringung für den Mandanten zu tun hat. Mit der Folge, dass andere wichtige Dinge aufgeschoben werden. Getreu dem Motto, darum kümmere ich mich dann, wenn ich mal wieder Zeit habe. Erfahrungsgemäß zählen dazu häufig die Kanzleiprozesse, auszugsweise die Zeiterfassung, die Rechnungsschreibung und die Auftragsverwaltung. Schließlich hat man gerade am Anfang noch alles gut im Überblick und die Rechnung schreibt man dann eben *übergangsweise* mit einem Textverarbeitungs- oder Tabellenkalkulationsprogramm. Nehmen Sie sich an dieser Stelle nochmal die Empfehlung des bereits erwähnten Kanzleigründers zu Herzen: „Die Prozesse sollten von Anfang an so gestaltet sein, wie wenn die Kanzlei bereits 100 Mandanten hätte." **Arbeiten Sie gleich mit einer Kanzleiorganisationssoftware**! Legen Sie hier Ihre Mandanten an und die dazu gehörigen Aufträge. Mit einer konsequenten und zeitnahen Erfassung der Leistungen – sowohl die Ihrer Mitarbeiter, als auch Ihre eigenen – legen Sie den Grundstein für die Bearbeitung der Rechnungsvorschläge und damit für die Festlegung und Überwachung der Honorarhöhe. Die Gegenstandswerte können Sie dann ebenfalls aus den leistungserstellenden Programmen übernehmen und die Rechnungen schnell und reibungslos erstellen. Die Daten geben Sie via Schnittstelle direkt an die Kanzlei-Finanzbuchhaltung weiter oder erstellen direkt die Lastschrifteinzüge. Und es geht noch viel mehr – und deshalb gilt: „First time right!"

Tipp 81

Kümmern Sie sich von Anfang an um Ihre Kanzleiprozesse und nutzen hierfür die eine „richtige“ Kanzleiorganisationssoftware.

2.7.9 Vom Maschinenraum auf die Kommandobrücke

Natürlich haben Sie als Freiberufler eine besondere Verantwortung gegenüber Ihren Mandanten. Dennoch empfiehlt sich, von Zeit zu Zeit mal die Perspektive oder Rolle zu wechseln – quasi vom Berater zum Unternehmer. Verschaffen Sie sich einen Überblick, wie das Unternehmen Steuerberatungskanzlei läuft. „Was Du nicht messen kannst, kannst Du nicht lenken“, sagt Peter Drucker und glücklicherweise haben wir mit unserer Kanzleiorganisationssoftware das erforderliche Datenmaterial für unser **Kanzleicontrolling** zur Verfügung. Von der Gesamtsicht der Kanzlei können wir uns einen Überblick von der Mitarbeiterebene, zum Mandat und den Auftrag verschaffen. Mit der **Analyse der Deckungsbeiträge** sehen Sie, mit welchen Aufträgen und welchen Mandanten Sie Geld verdienen. Bei nicht rentablen Aufträgen, analysieren Sie die Gründe und „lenken“ ein – beispielsweise mit Prozessverbesserungen, Honoraranpassungen oder im Zweifelsfall auch mal mit der Trennung vom Mandanten.

Tipp 82

Mindestens einmal jährlich sollten Sie eine ABC-Analyse Ihrer Mandanten erstellen. Allerdings sollten Sie Ihren Blick nicht alleine auf Umsatz- und Deckungsbeitragsbetrachtungen richten, sondern auch qualitative Aspekte berücksichtigen – zum Beispiel wie oft Mandanten Sie empfehlen, die Zahlungsmoral, der Sympathiegrad oder auch das Sozialverhalten gegenüber Mitarbeitern. Mit einer um diese Faktoren ergänzten ABC-Analyse gewinnen Sie zudem wichtige Erkenntnisse für die Gestaltung Ihrer Marketing- und Betreuungsaktivitäten.

2.8 Chancen und Risiken

2.8.1 Einen Blick weiter

Wie heißt es so schön: „Nichts ist beständiger als der Wandel". Die Rahmenbedingungen, unter denen man ein Unternehmen gründet, ändern sich mit der Zeit. Damit Sie nicht nur erfolgreich starten, sondern sich mit Ihrer Kanzlei auch dauerhaft am Markt etablieren, sollten Sie gleichermaßen die mit Ihrem Kanzleiaufbau verbundenen Chancen und Risiken betrachten. Ermitteln Sie diese gemeinsam mit den Stärken und Schwächen Ihrer Kanzlei im Rahmen der SWOT-Analyse (▸*Kapitel 2.4 Markt & Wettbe-*

werb). Nachdem Sie mit der Stärken-/Schwächenanalyse den Fokus auf das Kanzleiinnere gerichtet haben, wandert Ihr Blick nun auf Ihr Umfeld. Betrachten Sie hierzu **aktuelle Entwicklungen des Marktes**, der **Politik**, der **Technologie** und des **sozialen** und **gesellschaftlichen Umfelds**. Um ein paar Beispiele zu nennen: Chancen finden wir aktuell in der Digitalisierung (Prozessoptimierung, neue Dienstleistungen) und in gesetzlichen Änderungen (z. B. GoBD, Ersetzendes Scannen). Risiken ergeben sich vor allem im Fachkräftemangel, denn gerade neues Personal ist unabdingbar für eine gute Kanzleiperformance. Wie eng Chancen und Risiken manchmal zusammenhängen zeigt sich bei den GoBD. Zwar bieten sich Ansätze für neue Beratungsleistungen, jedoch können sich hierbei auch Risiken in Bezug auf die Haftung ergeben.

Tipp 83

Erstellen Sie die SWOT-Analyse nicht nur einmalig für Ihren Businessplan. Machen Sie es sich zur Gewohnheit mindestens einmal im Jahr, beispielsweise zum Jahresende hin, Ihr Umfeld zu analysieren. Übrigens ist dies eine gute Grundlage für die Festlegung der Kanzleistrategie und Kanzleiziele des neuen Geschäftsjahres.

2.8.2 Das Handling von Chancen und Risiken

„Eines der größten Märchen über Unternehmer ist, dass diese alle wagemutige Draufgänger seien. Jeder vernünftige Mensch möchte Risiken vermeiden", sagt der amerikanische Harvardprofessor William A. Sahlmann. So weit so gut, nur wie gehen wir mit den möglichen Risiken um, ohne dabei auch die Chancen nicht zu vergessen? Auf Basis Ihrer SWOT-Analyse entwickeln Sie Ideen und Maßnahmen und beschreiben diese in den vier nachfolgenden Quadranten:

- S-O: Welche Chancen können durch welche Stärken ausgenutzt werden?
- S-T: Welche Stärken können welche Risiken relativieren?
- W-O: Welche Chancen können trotz Schwächen genutzt werden?
- W-T: Welche Risiken können trotz Schwächen vermindert werden?

Beispiele gefällig: Sie sind sehr technikaffin und können diese Stärke nutzen, um die Chancen, die sich mit der Digitalisierung ergeben, am Markt bestens zu nutzen (S-O). Den Risiken des Fachkräftemangels könnten Sie begegnen, weil Ihre Kanzlei Mitarbeitern das Arbeiten von zu Hause (Homeoffice) ermöglicht (S-T).

Alternativ möchten wir Ihnen noch eine Variante zum Umgang mit Risiken vorstellen, die auf dem Gesetz zur

Kontrolle und Transparenz im Unternehmensbereich (KonTraG) basiert. Hiervon sind übrigens nicht nur große Aktiengesellschaften betroffen. Auch GmbH-Geschäftsführer sind zur Risikofrüherkennung verpflichtet, um den Erhalt des eigenen Unternehmens sicherzustellen. Damit dürften auch einige Ihrer Mandanten betroffen sein!

Tipp 84

Beginnen Sie mit der Erstellung des Risikoinventars, mit dem Sie nicht nur potentielle Risiken ermitteln, sondern auch hinsichtlich der Eintrittswahrscheinlichkeit und dem Grad der Auswirkung bewerten. Anschließend entwickeln Sie Maßnahmen, die das Risiko verringern oder vielleicht sogar vollständig vermeiden.

Für die technische Umsetzung können Sie sich einer einfachen Exceltabelle bedienen oder auch die Software DATEV Risikomanagement einsetzen. Sie steuern so aktiv mögliche Risiken und ganz nebenbei ergibt sich hieraus sogar auch ein neues Beratungsangebot. Eine weitere Umsatzchance in der betriebswirtschaftlichen Beratung!

2.8.3 Nobody is perfect

Sie sind fachlich bestens qualifiziert und haben eine der schwersten Prüfungen in Deutschland bestanden. Die Bandbreite des Steuerrechts ist jedoch enorm und regelmäßige gesetzliche Änderungen erhöhen stetig die Komplexität.

Denken Sie daran, dass in der Beratung der Mandanten auch etwas schief gehen kann. In den letzten Jahren hat es eine deutliche Zunahme von Haftungsfällen gegeben. Häufigste Gründe hierfür sind nach den Schadenfallstatistiken der Berufshaftpflichtversicherer:

- Übersehene oder unterlassene Hinweise
- Rechtsirrtümer
- Fristversäumnisse
- Mangelnde Sachverhaltsklärung

Zwar sind Sie per Gesetz dazu verpflichtet, eine Vermögensschaden-Haftpflichtversicherung abzuschließen, die bei Deckungseintritt einen entstandenen Schaden begleicht – weiteres im ▸*Kapitel 2.8.5 Versichert, aber richtig*.

Dennoch sollten Sie präventiv geeignete Maßnahmen zur Fehlervermeidung ergreifen.

Tipp 85

Achten Sie auf ausreichende **Aus- und Fortbildung** der Mitarbeiter, einen regelmäßigen internen Informationsaustausch und einen offenen Umgang mit Fehlern.

Tipp 86

Bevor Sie sich lange und intensiv in neue Themen einarbeiten, ziehen Sie besser gleich einen **Spezialisten aus Ihrem Kooperationsnetzwerk** hinzu.

Tipp 87

Um Fristversäumnisse zu vermeiden, empfiehlt es sich die **Berechnung und die Kontrolle der Fristen** elektronisch durchzuführen.

Tipp 88

Trauen Sie sich auch mal ein **Mandat abzulehnen oder zu kündigen**. Auf Basis von harten Fakten oder wenn Ihr Bauchgefühl Ihnen entsprechende Signale sendet – übrigens auch ein Ratschlag einer erfolgreichen Kanzleigründerin.

Tipp 89

Zu guter Letzt sollten Sie die sogenannten „Tür und Angelgeschäfte“ vermeiden. Auch wenn der Mandant beispielsweise nur mal kurz am Telefon eine Frage geklärt haben möchte. Sofern der „schnell erteilte Ratschlag“ für den Mandanten hohe rechtliche oder wirtschaftliche Bedeutung hat, wird er sich darauf verlassen, dass Sie ihn gewissenhaft und ordnungsgemäß beraten haben. Diese Rechtsverbindlichkeit kann zu einer Haftung im Fall eines falschen Ratschlags führen, auch wenn für das Telefonat kein Honorar berechnet wurde. Besser ist es daher, die Angelegenheit des Mandanten schriftlich aufzunehmen und entsprechende Beratungshinweise gegenüber dem Mandanten zu dokumentieren und in der Steuerakte abzulegen. Elektronisch, versteht sich.

2.8.4 Handschlag oder schwarz auf weiss

„Der ehrbare Kaufmann steht zu seinem Wort, sein Handschlag gilt“ ist eine Leitlinie in unserem Wirtschaftssystem. Auch in der Steuerberatung basieren viele Beziehungen zwischen Mandant und Berater auf mündlichen Vereinbarungen. Ein latentes Risiko, denn diese bergen die Gefahr von Missverständnissen bezüglich des Auftragsinhalts, des Vertragsumfangs und der Honorarberechnung.

Ein probates Mittel um die Zufriedenheit Ihres Mandanten sicherzustellen und Haftungsfälle zu vermeiden bzw. die Haftung zu beschränken ist die Vereinbarung schriftlicher Verträge. Ohnehin ist Schriftform geboten, wenn Sie mit Ihren Mandanten als Honorar eine Pauschalvergütung (§ 14 StBVV) oder eine höhere als die gesetzliche Vergütung (§ 4 StBVV) vereinbaren.

Tipp 90

In dem schriftlichen Steuerberatervertrag sollten folgende Punkte als Mindestinhalt fixiert werden:

- Die genaue Bezeichnung der Vertragsparteien
- Die primären und sekundären Leistungspflichten des Beraters gegenüber dem Mandanten
- Art und Umfang der Mitwirkungspflichten des Mandanten
- Der Honoraranspruch des Beraters inkl. Vorschussberechtigung
- Die Vertragsdauer
- Die Beschränkung der Haftung des Beraters

Zusätzlich zum Vertrag sind die **Allgemeinen Auftragsbedingungen** (AAB) beizufügen und idealerweise vom Mandanten gegenzuzeichnen. Entsprechende Vorlagen erhalten Sie vom DWS-Verlag oder von DATEV im Rahmen der *Toolboxlösung Vordrucke für die Beratungspraxis*. Hier werden die Platzhalter in den Vertragsvorlagen direkt aus der Mandantenverwaltung bestückt, so dass eine schnelle und effiziente Erstellung ermöglicht wird.

2.8.5 Versichert, aber richtig

Wie bereits ausgeführt sind selbstständige Steuerberater gemäß § 67a StBerG verpflichtet, eine **Vermögensschaden-Haftpflichtversicherung** abzuschließen. Zugleich kann ein fahrlässig verursachter Schaden beschränkt werden durch „eine schriftliche Vereinbarung im Einzelfall bis zur Höhe der Mindestversicherungssumme" (250 TEUR) oder durch „vorformulierte Vertragsbedingungen auf den vierfachen Betrag der Mindestversicherungssumme" (1 Mio EUR).

Die erste Variante erweist sich in der Praxis jedoch als wenig praktikabel, da die Vereinbarung individuell ausgehandelt und formuliert werden muss. Ein Widerspruch zu den doch gleichartigen Leistungen des Steuerberaters. Sie sollten daher die zweite Variante für Ihre Haftungsbeschränkung wählen und hierbei die im Vorkapitel angesprochenen Vertragsvorlagen nutzen. Dies geht damit einher, dass Sie sich mit mindestens 1 Mio EUR pro Versicherungsfall versichern. Mindestens, denn Versicherungsmakler konstatieren, dass die gesetzliche Mindestversicherungssumme häufig nicht ausreicht. Übersteigt der Schaden die Deckungssumme, dann haften Sie mit Ihrem privaten Vermögen. Wenn Mandanten präventiv mehr fordern, dann können Sie immer noch eine Mandats- oder Objektversicherung mit höherer Versicherungssumme abschließen.

Tipp 91

Übrigens gilt die Vermögensschaden-Haftpflichtversicherung **nur für die Vorbehaltsaufgaben** (§ 33 StBerG) des Steuerberaters, insbesondere also die Erstellung der Finanzbuchführung, der Jahresabschlüsse, der Steuererklärungen und der steuerlichen Beratung. Klären Sie daher explizit den Versicherungsschutz für die sogenannten vereinbaren Tätigkeiten (§ 57 Abs. 3 StBerG).

Über die gesetzlich geforderte Haftpflichtversicherung hinaus, sollten Sie sich gegen weitere Risiken absichern. Bei Feuer, Einbruch oder Wasserschäden tritt die Kanzleiausfallversicherung ein.

Tipp 92

Denken Sie neben einer Rechtschutz- und Betriebshaftpflichtversicherung auch daran, dass Sie krank werden und ggf. längere Zeit nicht arbeiten können. Sichern Sie sich und Ihre Angehörigen über ein Krankentagegeld und eine Berufsunfähigkeitsversicherung ab.

Am besten ziehen Sie einen Versicherungsprofi hinzu, der Ihnen, auf Ihre individuelle Situation zugeschnitten, eine Empfehlung für die „richtige“ Versicherung gibt.

2.9 Finanzplan

2.9.1 Finanzplanung – Wozu überhaupt…?

Wie sagte der Philosoph Seneca einst: „Ein Schiff, das seinen Hafen nicht kennt, dem weht kein günstiger Wind“. Nachdem Sie sich bereits umfassende Gedanken gemacht haben, welchen Hafen Ihr „Kanzlei-Schiff“ ansteuern soll und wie dieser Hafen aussieht, sind Sie bei der Erstellung Ihres Businessplans fast am Ziel. Runden Sie Ihren Businessplan mit einem Finanzplan ab und nehmen Sie damit das Steuer selbst in die Hand.

Mit Hilfe des Finanzplans können Sie feststellen, inwiefern Sie sich mit Ihrem Gründungsvorhaben eine tragfähige Existenz aufbauen können. Im Wesentlichen dient dieses Planungsinstrument als Vorschau der zu erwartenden Umsatz-, Kosten- und Liquiditätspositionen. Zudem ist Ihr Businessplan mit Finanzplanung eine wichtige Grundlage für die Kreditverhandlung mit Banken. Es wird sichergestellt, dass Sie gerade in der Gründungsphase mit ausreichend Kapital versorgt sind und somit gut „aus den Startlöchern kommen“.

Tipp 93

Manchmal entwickeln sich Dinge aber auch anders als gedacht. Deshalb ist es sinnvoll, den Finanzplan regelmäßig kritisch zu hinterfragen und notfalls zu korrigieren.

Im vorliegenden Kapitel erhalten Sie nun Hinweise, wie Sie Ihren Finanzplan ausgestalten und optimieren können. Damit es Ihnen gelingt, den „Turbo“ bei Ihrer Existenzgründung auch wirtschaftlich zu zünden!

2.9.2 Die 3 Fragezeichen

Nachdem wir das „Wozu“ in Bezug auf den Finanzplan geklärt haben, geht es nun um das „Was“ und das „Wie“: Was gehört in einen Finanzplan? Und wie setzt man diesen eigentlich sinnvoll um?

Ihre Planung sollte eine Umsatz-, Ausgaben- und Liquiditätsplanung sowie eine Plan-GuV beinhalten.

Für die Erstellung des Finanzplans stehen Ihnen diverse Werkzeuge zur Verfügung. Diese reichen von selbst erstellten Vorlagen in Excel bis hin zu ausgefeilten Planungsprogrammen. Hier ein kleiner Auszug:

- Online-Tool und App „BMWi-Businessplan“ (*www.existenzgruender.de/DE/Gruendungswerkstatt/BMWi-Businessplan-plus-App/inhalt.html*)
- Gründungsplaner der HypoVereinsbank (*www.hvb.de/planer*)
- ecomplan Unternehmens CONTROLLER“, (*www.baystartup.de/bayerische-businessplan-wettbewerbe/finanzplanungstools.html*)
- DATEV Unternehmensplanung, enthalten in DATEV Wirtschaftsberatung classic

Tipp 94

Wenn Sie Ihren Finanzplan mit Hilfe der DATEV-Software realisieren, haben Sie später den Vorteil, dass Sie ohne manuellen Aufwand eine Gegenüberstellung der geplanten Werte mit den tatsächlichen Werten aus Ihrer Kanzleifinanzbuchführung erhalten.

Bei der Ermittlung Ihrer Planwerte helfen Ihnen finanzwirtschaftliche Branchenanalysen. Hierfür stehen Ihnen über das Finanzbuchhaltungs- und Jahresabschlussprogramm Kanzlei-Rechnungswesen die DATEV Branchenkennzahlen zur Verfügung, die Kennzahlen aus der Steuerberatungsbranche – differenziert nach Größe, Region und Rechtsform – bereitstellen. Darüber hinaus liefert der DATEV-Betriebsvergleich weitere Anhaltspunkte.

2.9.3 Das Schönste zuerst

Jetzt geht's los! Mit einem für Sie passenden Werkzeug und den finanzwirtschaftlichen Benchmarks gerüstet, starten Sie mit der Planung Ihrer zu erwartenden Honorareinnahmen. Die Umsatzplanung ist nicht nur der Ausgangspunkt zur Klärung der Frage, ob Ihr Gründungsvorhaben tragfähig ist. Vielmehr hat die Planung der Umsätze eine Leitfunktion für die Ausgabenplanung.

Grundsätzlich ist vor allem bei einer Neugründung die Schätzung des zu erwartenden Umsatzes keine einfache Aufgabe. Setzen Sie sich bei Ihrer **Umsatzplanung realistische Ziele**, die sich an den Branchenkennzahlen ausrichten. Einen guten Ansatz liefert der Umsatz pro Mitarbeiter. Dieser liegt bei Kanzleien mit rund 3-6 Mitarbeitern im Durchschnitt zwischen rund 60 TEUR und 78 TEUR. Benchmarks bei jungen Kanzleien zeigen aber auch, dass hier durchaus noch mehr möglich ist. Die Top-Performer entwickeln den Umsatz pro Mitarbeiter in den ersten fünf Geschäftsjahren von ca. 60 TEUR auf über 100 TEUR. Auch wenn Sie dieses Ziel aufgrund Ihrer individuellen Rahmenbedingungen für derzeit nicht realistisch halten: Planen Sie von Ihrem Ausgangswert jährlich eine prozentuale Steigerung von mindestens 10 bis 15 Prozent ein.

Generell sollte der Umsatz differenziert nach Mandanten und den einzelnen Dienstleistungsbereichen, z. B. Finanzbuchhaltung, Jahresabschluss und Beratung, geplant werden. Lassen Sie bei der Ermittlung der Zahlen auch die Informationen, die Sie im Rahmen der Wettbewerbsanalyse über Ihre Marktbegleiter ermittelt haben, einfließen.

Tipp 95

Es liegt in der Natur der Sache, dass die anfänglich geplanten Zielumsätze von den tatsächlichen Werten abweichen werden. Umso wichtiger ist es, regelmäßig über Ihre Finanzbuchhaltungs- und Kanzleiorganisationssoftware Soll-Ist-Analysen durchzuführen. Nur so können Sie rechtzeitig Maßnahmen zum Gegensteuern ergreifen und sicherstellen, dass Ihr Kanzleischiff nicht am Hafen vorbeisteuert.

2.9.4 Die Planung der Erstausrüstung

Für den Start als selbstständiger Steuerberater braucht es eigentlich nicht viel. Mit Ihrem Wissen, einem PC und der passenden Software kann es schon losgehen. Bei der Bearbeitung der einzelnen Kapitel haben Sie diverse Instrumente kennen gelernt, mit denen es Ihnen gelingt, schneller „den Turbo zu zünden“. Hierzu müssen Sie investieren und eventuell auch einen Kredit in Anspruch nehmen. Wenn Sie noch zögern, dann hilft Ihnen vielleicht eine erfolgreiche Kanzleigründerin, die auf die Frage hin, was Sie jungen Steuerberatern mitgeben würde, sagt: *„Sie sollten Mut haben, neue Mitarbeiter einzustellen und Geld in die Hand zu nehmen.“* Verschaffen Sie sich **Klarheit über Ihre anfänglichen Investitionen**, die während der Aufbauphase einmalig anfallen. Die wesentlichen Positionen sind hierbei:

- Kanzleilogo
- Kanzlei-Webseite
- Eintragung ins Handelsregister und Notarkosten
- Mietkaution und Maklergebühr
- Kanzleischild
- Bestellung bei der Steuerberaterkammer
- IT-Infrastruktur (Hardware, Drucker, Kopierer)
- Eröffnungswerbung & Akquise
- Büromöbel und Geschäftsausstattung
- Fachliteratur

Durch die Addition der Gründungs- und Investitionskosten können Sie das wirtschaftliche Startkapital berechnen, welches für Ihre Kanzleigründung notwendig ist. Des Weiteren ist es ratsam, die Anfangsinvestitionen in kurz-, mittel- und langfristige Investitionen zu untergliedern.

Vergessen Sie nicht einen Abschreibungsplan zu erstellen, der alle aktivierungsfähigen Investitionen für die nächsten drei bis fünf Geschäftsjahre enthält.

2.9.5 Gut kalkulierbar

Arbeiten wir uns weiter vor und verschaffen uns einen Überblick über Ihre laufenden Ausgaben. Grundsätzlich ist der variable Kostenanteil in einer Steuerberatungskanzlei eher von untergeordneter Bedeutung. Typische laufende Ausgaben sind

- Personalkosten
- Mietaufwendungen
- Versicherungen
- Softwarelizenzen
- Literatur-/Zeitschriftenabonnements
- Telefon-/Internetanschluss
- KfZ-/Reisekosten
- Fortbildungskosten
- Werbekosten
- Büromaterial
- Zinsen und Tilgung
- Abschreibungen

Gerade mit Blick auf die Planung der Ausgaben in den ersten drei Jahren Ihrer Geschäftstätigkeit, ist nochmal hervorzuheben, dass der geplante Umsatz eine wichtige Leitfunktion hat. Als Hilfsmittel stehen Ihnen wieder die Branchenkennzahlen der DATEV zur Verfügung. Analysieren Sie die wichtigsten Kostenpositionen, absolut und in Relation zu den realisierten Umsatzerlösen. Es wird Sie sicherlich nicht überraschen, dass die Personalkosten im Branchenschnitt mit einem Anteil von rund 44 % an den Umsatzerlösen – die Gesamtkosten haben übrigens einen Anteil von rund 67 % am Umsatz – die mit Abstand wichtigste Kostenposition darstellt. Berücksichtigen Sie bei der Personalkostendarstellung neben den Bruttobezügen auch den Arbeitgeberanteil an der Sozialversicherung sowie Weihnachts- und Urlaubgeld mit einem pauschalen Aufschlag von etwa 40 %. Gehen Sie davon aus, dass mit steigender Kanzleigröße und wachsendem Umsatz Ihr Personalkostenanteil weiter steigen wird.

Tipp 96

Und fast schon am wichtigsten – berücksichtigen Sie auch Ihren Unternehmerlohn! Schließlich würden Sie doch in einem Angestelltenverhältnis nicht umsonst arbeiten – oder? Und von irgendetwas müssen Sie ja leben. Beachten Sie bei Ihrer Ausgabenplanung außerdem die Lebenshaltungskosten.

Die Lebenshaltungskosten setzen sich aus den Kosten der privaten Haushaltsführung, der privaten Versicherungen und sonstiger Einnahmen/Ausgaben zusammen. Kosten der privaten Lebensführung sind z. B. Lebensmittel, Kleidung, Urlaub, Nebenkosten etc. Denken Sie nicht nur an die monatlich anfallenden Kosten, sondern ebenfalls an die Ausgaben, die halbjährlich oder jährlich anfallen. Die privaten Einnahmen, die Sie zum Bestreiten Ihres Lebensunterhaltes nutzen können, subtrahieren Sie von den privaten Ausgaben. Das Ergebnis können Sie als Privatentnahme/Privateinnahme in Ihrem Ausgabenplan darstellen.

2.9.6 Profit is an opinion, cash is fact!

Fehlende Liquidität ist gerade in der Gründungsphase, trotz ausreichender Gewinne, die Hauptursache für das Scheitern der Selbständigkeit. Demnach gilt für Sie als Kanzleiinhaber der Leitgedanke „Profit is an opinion but cash is fact“. Erstellen Sie eine Liquiditätsplanung und stellen Sie sicher, dass Ihre Kanzlei über ausreichend liquide Mittel verfügt, um den Zahlungsverpflichtungen termin- und fristgerecht nachkommen zu können. Die Liquiditätsplanung sollte monatsweise vorgenommen werden und die Betragshöhe und den Zeitpunkt aller Ein- und Auszahlungen beinhalten.

Verdeutlichen Sie sich Ihre derzeitige Liquiditätssituation durch die monatliche Erstellung von Grafiken in Form von Linien- oder Balkendiagrammen. Durch die visualisierte Darstellung Ihrer Liquiditätsentwicklung verschaffen Sie sich eine größere Klarheit und Verständnis bezüglich der gegenwärtigen Lage.

Häufig liegen Leistungserbringung, Rechnungsstellung und Zahlungseingang weit auseinander.

Tipp 97

Spielen Sie nicht Bank für Ihre Mandanten! Rechnen Sie die erbrachten Leistungen zeitnah ab – schließlich sind diese mit der Erbringung gemäß § 7 Steuerberatervergütungsverordnung (StBVV) sofort fällig. Am besten vereinbaren Sie mit Ihren Mandanten das Lastschrift-/Abbuchungsverfahren, was in der Branche durchaus üblich ist.

Mit monatlichen Pauschalen oder Vorschüssen können Sie ebenfalls einen konstanten Geldzufluss sicherstellen. Für umfassendere Arbeiten, wie zum Beispiel die Erstellung des Jahresabschlusses, haben Sie die Möglichkeit, ab einem bestimmten Fertigstellungsgrad auch Anzahlungen zu vereinbaren. Weitere Instrumente sind ein konsequentes Forderungsmanagement oder die Forderungsabtretung via Factoring.

Tipp 98

Gerade wenn Sie Fremdkapital benötigen, zeigen Sie durch einen ausführlichen und gut strukturierten Liquiditätsplan Ihre Kompetenz und dass Sie Ihren „Laden im Griff haben".

2.9.7 Und wie viel bleibt unter dem Strich übrig?

Die Plan-Gewinn- und Verlustrechnung kurz GuV, gibt Ihnen einen Überblick über die Zusammensetzung der Erträge und Aufwendungen und den daraus resultierenden Erfolg Ihrer Kanzlei. Durch die monatliche Gegenüberstellung der erwarteten Einnahmen (Umsatzerlöse) und der erwarteten Ausgaben (Kosten) erkennen Sie, zu welchem Zeitpunkt Ihre Kanzlei das erste Mal die Gewinnschwelle erreicht. Hierbei sollten Sie beachten, dass aufgrund der typischerweise entstehenden Anlaufverluste in der Gründungsphase, eine einjährige Erfolgsplanung wenig aussagekräftig ist.

Tipp 99

Daher empfehlen wir, eine langfristig ausgestaltete Erfolgsplanung mit einem Planungshorizont von drei Jahren ab Gründungsbeginn zu erstellen. Sofern Ihre Kanzlei auch innerhalb dieses Planungszeitraums keinen Gewinn erwirtschaftet, sollten Sie Ihr Kanzleikonzept noch einmal grundsätzlich überdenken!

Generell sollten Sie sich eine strukturierte Gliederung für die Plan-GuV überlegen und einzelne Erfolgspositionen darstellen. Erfahrungsgemäß durchlaufen Sie in der Anfangsphase eine Durststrecke bei der Ihr vorläufiges Ergebnis nach Abzug des Unternehmerlohns eher bescheiden ausfallen wird. Langfristig können Sie bei der Gründung einer Einzelpraxis, mit einem vorläufigen Ergebnis nach Steuern und vor Unternehmerlohn von rund 32 % im Verhältnis zu den Umsatzerlösen (Umsatzrendite) rechnen. Um eine eindeutige Aussage über die wirtschaftliche Lage/Situation Ihrer Kanzlei treffen zu können, sollten Sie Ihre Kennzahlen mit den Branchenbenchmarks regelmäßig vergleichen.

2.9.8 Organisation der Finanzen ist Chefsache!

Viele Kanzleiinhaber berichten davon, dass das Alltagsgeschäft nur wenig Zeit für die eigentliche Kanzleisteuerung und Entwicklung zulässt. Deshalb raten wir Ihnen, sich mindestens einen Tag im Monat intensiv mit Ihrer finanzwirtschaftlichen Situation zu befassen. (▸*Kapitel 2.7.9 Organisation und Prozesse – Vom Maschinenraum auf die Kommandobrücke*)

Tipp 100

Analysieren Sie Ihren finanziellen Ist-Zustand kritisch und formulieren Sie gegebenenfalls Maßnahmen zur Optimierung Ihrer Aufwands- und Ertragslage. Das Hauptziel Ihres Kanzleibetriebes sollte es sein, einen Pro-Kopf-Umsatz von rund 100.000 Euro zu erwirtschaften und eine Umsatzrendite von 40 bis 50 Prozent zu erzielen.

Zugegeben dieses Ziel ist vor allem als Kanzleigründer sehr sportlich, aber durchaus erreichbar. Praktische Beispiele erfolgreicher Kanzleigründer bestätigen dies immer wieder.

3 Quellen

Internet:

- Arbeit im Wandel – Arbeitsbedingungen in der Steuerberatung und deren Folgen

  www.stbv-bremen.de/der-verband/aktuelles/aktuelles-einzelsicht/meldung/arbeit-im-wandel-arbeitsbedingungen-in-der-steuerberatung-und-deren-folgen/

- BayStartup Handbuch Businessplanerstellung

  www.baystartup.de/bayerische-businessplan-wettbewerbe/handbuch-businessplan/

- Berufsstatistik (abrufbar über *www.bstbk.de*)
- DStV-Praxenvergleich 2015 – für Teilnehmer kostenfrei, ansonsten kostenpflichtig

  www.dstv.de/fuer-die-praxis/praxenvergleich/informationen

- forsa-Umfrage im Auftrag der BStBK

  www.mehr-als-du-denkst.de/kampagne

- Statistisches Berichtssystem für Steuerberater – STAX 2012 (abrufbar über *www.bstbk.de*) (Anmerkung: ggf. Aktualisierung STAX 2015 2. Q 2016)
- Statistik-Portal „Statista“ (*www.statista.de*)

- Studie „Mandanten ziehen Bilanz“ (abrufbar *www.strassenberger.com*)
- 7 Thesen für die Entwicklung des Berufsstands von der Bundessteuerberaterkammer

  www.bstbk.de/export/sites/standard/de/ressourcen/Dokumente/04_presse/pressemitteilungen_anlagen/2012/PM006_2012_Kernaussagen_Anlage.pdf
- *www.datev.de/web/de/top-themen/steuerberater/weitere-themen/start-mit-datev*
- *www.datev.de/web/de/community/datev-kanzlei-boerse/*
- Zukunftsstudie Steuerberatung 2020 (abrufbar über *www.bstbk.de*)

Literatur:

- Business Model Generation, Osterwalder, 1. Auflage 2011, Campus Verlag
- Handbuch Qualitätssicherung und Qualitätsmanagement in der Steuerberatung, DATEV/DStV
- Mut zur Selbständigkeit, Gutenberg, 1. Auflage 2013, NWB
- Praxisübertragung in wirtschaftsprüfenden und steuerberatenden Berufen, Wehmeier, 6. Auflage 2013, Stollfuß

- Spitzenleistungen in der Steuerberatung, Lami, 1. Auflage 2011, NWB
- Steuerberatung 2020, Gilgan, 1. Auflage 2013, NWB
- UnternehmerInnen in Bayern, hrsg. v. IHK für München und Oberbayern in Kooperation mit Prof. Eckstaller und Prof. Macha, 2016
- Value Proposition Design, Osterwalder, 1. Auflage 2015, Campus Verlag